机会成本

做出高效决策的策略思维

機会損失
「見えない」
リスクと可能性

［日］清水胜彦 著
孙克乙 谷晶红 译

中信出版集团 | 北京

图书在版编目（CIP）数据

机会成本：做出高效决策的策略思维/（日）清水胜彦著；孙克乙，谷晶红译 . -- 北京：中信出版社，2021.5

ISBN 978-7-5217-2893-4

Ⅰ. ①机… Ⅱ. ①清… ②孙… ③谷… Ⅲ. ①企业管理—经营决策 Ⅳ. ① F272.3

中国版本图书馆 CIP 数据核字 (2021) 第 039912 号

KIKAI SONSHITSU by Katsuhiko Shimizu
Copyright © 2018 Katsuhiko Shimizu
All rights reserved.
Original Japanese edition published by TOYO KEIZAI INC.
Simplified Chinese translation copyright © 2021 by CITIC Press Corporation
This Simplified Chinese edition published by arrangement with TOYO KEIZAI INC., Tokyo, through Bardon Chinese Media Agency,Taipei.
本书仅限中国大陆地区发行销售

机会成本：做出高效决策的策略思维
著　　者：[日] 清水胜彦
译　　者：孙克乙　谷晶红
出版发行：中信出版集团股份有限公司（北京市朝阳区惠新东街甲 4 号富盛大厦 2 座　邮编　100029）
承　印　者：天津市仁浩印刷有限公司

开　　本：880 mm×1230 mm　1/32　　印　　张：9.5　　字　　数：200 千字
版　　次：2021 年 5 月第 1 版　　　　印　　次：2021 年 5 月第 1 次印刷
京权图字：01-2021-1530
书　　号：ISBN 978-7-5217-2893-4
定　　价：68.00 元

版权所有·侵权必究
如有印刷、装订问题，本公司负责调换。
服务热线：400-600-8099
投稿邮箱：author@citicpub.com

前　言

在《银色马》这篇小说中，广受读者喜爱的夏洛克·福尔摩斯之所以能够成功破案，是因为他没有将目光放在已经发生的事件上，而是将目光放在没有发生的事件上，也就是为什么案件发生时，看门犬没有发出叫声。

诚然，在已经发生的事件背后，隐藏着无数件未曾发生的事件。正因如此，大家通常都不会考虑得那么深入。而正是在这些地方，才会产生盲点。福尔摩斯所具备的观察力，就在于他不会被看得见的证据牵着鼻子走，反而能够注意到那些不可见的重点，进而描摹出整个事件。

很多时候，事件的重点就在那些看不到的地方。人们常常能够看清自己所为之事的成本和回报，但那些看不见、不曾为、不能为之事，往往更加关键。这就是机会成本。

机会成本：做出一项选择所导致的利益净损失。[1]

1　Buster MBA（2014）*Opportunity Cost*. Brevitext（Kindle 版）.

一言以蔽之，机会成本就是损失的利益。下面，我们就以与我切身相关的MBA（工商管理硕士）为例：假设某人为了攻读MBA，从公司辞职。在讨论攻读MBA的性价比时，通常会分析这一决策的投资回报率，即计算攻读MBA后此人的工资上涨了多少，以及他为此付出了多少成本。

攻读MBA就像一笔投资，学费本身自然是成本的一部分，但不属于机会成本。所谓机会成本，是指如果此人没有从公司辞职，他将有可能获得怎样的收入、发展和机会。当然，也有一种可能，那就是即使他不辞职，也不会收获这一切。

一定有很多读者记得，不久前日本总务省联合消费者厅共同发布了一项指导意见，要求各大通信运营商不得继续推出零元购机业务。民众往往会相信，既然这项政策是由精英制定的，就应该是对民众有益的。

然而，在如今这样一个受市场规律支配的世界里，这类"从天而降"的指令真的有必要吗？政府这样的做法，恰恰印证了福尔摩斯的怀疑：政府如此行事，便没有机会利用税收去完成其他更有意义的任务了。

电视新闻里也正发生着同样的情况。荧屏上，几乎每天都充斥着政治家和娱乐圈人士的各类丑闻，而我们这群观众却对此喜闻乐见。我们既不清楚这些政治家究竟有着怎样的追求，以及他们应当有怎样的追求，也不明白为什么会铺天盖地般出现这么多负面新闻；更根本、更隐蔽的问题在于，正是由于这些负面消息充斥了大众的眼球，其他重要信息才无法被正常传播。

机会成本的根本问题就在于它并不可见。正因如此，人们即使提醒自己要对机会成本多加注意，但仍然只顾着眼前的事务和项目，无暇细细思索"如果不将时间分配给这项任务，我还能实现哪些成就？""我是否还有其他更重要的任务？"

然而，个人也好、企业也罢，拥有的资源都是有限的。如果将时间分配给优先级低的事务，那么那些必须完成的项目所得到的时间资源就会缩减，久而久之，情况恶化在所难免。等问题扩大到肉眼可见的程度，一切就为时已晚。

在本书中，我们将从以下四个角度分析机会成本这项看不见的成本。

第一点，也是最基本的一点，我们将首先关注"完成 A 事项就无法完成 B 事项"这类与决策一事相关的机会成本。我们将格外关注管理战略中有限资源的分配问题，不仅确定自己要做什么，更要认清自己不做什么。也就是说，我们为了完成 A 事项，有时不得不放弃 B 事项。

第二点，我们将关注与制定战略决策过程相关的机会成本。制定战略决策既包含决定做什么，又包含决定放弃什么。如果我们花费一个月的时间讨论是否放弃 A 事项，那么这项决策将会耗费大量成本用于搜集信息、举办会议、调配人力。而如果只用一个星期就能做好决策，那么剩余的三周时间便可用于完成更有意义的任务，或者完成其他事情。

第三点，我们将关注后悔导致的成本。这项成本包含两个方面：

一方面，由于人们在决策前不希望令自己后悔、不想决策失当，便去找寻各种可能性，讨论每一条备选方案，这一过程将会产生机会成本。（广义上讲，这种成本也属于上文第二点：与制定战略决策过程相关的机会成本的一部分。）

诚然，从诸多选项中优中选精的过程本身并无坏处，它能够帮助我们做出更加完善的决策。但假如我们为此一直犹豫不决，那将永远无法做出决定。明明当机立断、快刀斩乱麻就能取得成效，却因为深思熟虑而按兵不动，最终一事无成，这将带来巨大的机会成本。

另一方面，后悔还会导致另一种成本：人们在做出决策后发现，"如果当时那样做就好了""果然，当时我本意还是希望这么做"，于是在后悔中虚度时光。这种情绪在婚姻大事、置办房产，甚至是企业战略决策中都屡见不鲜。例如，企业并购完成后却没有产生预期的协同效应，不仅业务部门怨声载道，投资者和媒体也都大肆宣扬这一败绩。如此困境，如之奈何？是应当继续前行，还是就此放弃？而这种动摇的心情会浪费资源、耗空资源，造成机会成本。

第四点，也是必须注意的最后一点，就是将机会成本降至最低，即排列优先级。我反复强调，个人也好、组织也好、媒体也好，总是会倾向于关注那些显而易见、夺人眼球的事物。一旦眼前出现一个选项，便一心扑到上面，全然不顾机会成本，哪怕这件事优先级再低，只要它足够惹人注意，就要如同排山倒海一般向其中倾注资源。

读者需要格外注意一点：管理者眼中的机会成本，并不局限于自身，而须关乎公司整体。在企业并购战略中，机会成本并不是像"收购了这家公司就无法收购另一家"那样简单。每做出一项决定、一项选择、一项举措，都是在向员工、顾客、投资者和客户发出信号，告诉他们"本公司将朝着这一方向前进""这一点对我们很重要，而那一点对我们无足轻重"。领导者无意之中讲的一句话，有的下属听到后便会认为"这和开会时说的不一样"，内心因此更加摇摆不定；有的下属听到后则会认为"领导这样说，一定是有道理的"，从而领会领导者的本意，全力以赴。

让我们重新回顾前文所举的电视新闻的例子。在其他电视台绞尽脑汁、挖掘八卦新闻时，如果有一家电视台报道日本的老龄化问题，会产生怎样的效果？虽然实施这一策略放弃了八卦新闻，甚至可能会导致收视率损失几个百分点，从而带来机会成本，但这也向观众传达了一个鲜明的信号：这就是本电视台的立足方针、本电视台就是这般卓尔不群。

如此一来，如果电视台能够获得良好的风评，从广义上讲，反而能够抵消机会成本；舍弃眼前这些夺人眼球的新闻，反而会获得长期的好评，而这一点更加重要。依我之见，这正是值得称其为战略的关键所在。后文也将展开叙述，战略的本质正是"破釜沉舟，背水一战""不入虎穴，焉得虎子"。

总而言之，考量机会成本，就是考量制定决策的准则和价值观。自己和自己的公司，想要在怎样的时间维度上实现怎样的目标，为此又应当如何分配有限的资源。如果在我们极易被显而易见之物、立竿见影之事占据的大脑中的某个角落，保留机会成本的概念，我们就能制定更富有战略价值的决策，采取更具战略意义的行动。

　　本书的读者大体为商业人士，但我坚信，如果你深感自己难以做出决断、不断陷入后悔之中，那么，读罢此书，你就一定能够获得些许启示。

目　录

前言・I

第一篇　决策涉及的机会成本

第 01 章　战略与机会成本

何为战略・005

何为战略性・008

小松公司的绝对优势经营・010

对红海市场的幻想・013

最不了解自己的是自己・016

战略清单・019

第二篇　决策过程中的机会成本

第 02 章　计划与机会成本

制订计划的弊端・027

对计划的三个认知错误·030

偏好计划的 MBA·034

安于计划·036

神化计划·039

面对机遇，不够敏感·043

计划：过犹不及·046

第 03 章　数据分析与机会成本

数据分析从 1.0 到 2.0·051

分析的三个陷阱·054

数据分析的客观局限性·059

分析，催生悲观情绪；乐观，助力战略实施·063

数据分析的真正价值·067

从失败中吸取教训与机会成本·069

第 04 章　一致同意与机会成本

开会造成的机会成本·079

组织架构导致的机会成本·082

矩阵式管理的本质·084

对无异议和有效率的误解·087

广岛队投手和外场手的争执平息了吗·090

亚马逊的领导力准则带来的启示·095

**延伸阅读 1　日本企业进军中国等亚洲市场，
　　　　　　　为何一路坎坷·098**

第三篇　后悔和机会成本

第 05 章　试图避免机会成本的机会成本

浪费就太可惜了造成的机会成本・109

承诺升级现象・115

过早放弃所造成的机会成本・118

指望着"总有一天……"的机会成本・122

免费的才是最贵的・125

二次解读浪费就太可惜了・127

第 06 章　拓宽未来选择造成的机会成本

实物期权：利用小规模投资对冲未来的机会成本・133

选择：真的多多益善吗・137

同时处理多项事务造成的机会成本・141

"高效率"邮件沟通带来的机会成本・143

只顾着描绘前景造成的机会成本・146

效率和机会成本・149

第 07 章　担心、后悔与机会成本

完美主义与机会成本・157

"上保险"：一种机会成本・159

后备方案的问题所在・163

第 08 章　人尽其才与机会成本

人尽其才的现实真相・169

就业满意度·171

应变型战略·173

公司：在追求人尽其用中迷失方向·176

插上"多样性"这双翅膀，是否就一定能够起航·181

延伸阅读 2　经验之谈·188

第四篇　致力于将机会成本降至最低

第 09 章　优先顺序和机会成本

排列优先顺序的难点·201

统一明确：行动目标就是判断标准·204

组合管理与权衡利弊·210

通向广阔视野·213

第 10 章　明确以目标为导向的原则

勿将手段当目的·221

谨遵课本，贯彻原则·223

成果监测·226

再谈战略及优先级顺序——精简为上·230

第 11 章　谨防误入歧途

意识到自己"没能意识到的误区"·237

建立组织长效应激机制·240

组织中的坦诚·247

第 12 章　付诸实践

　　决策未实施的三大理由·253

　　实践的三大要素·259

　　信号与机会成本·264

结语·273

参考文献·283

第一篇

决策涉及的机会成本

路人:"您可真有干劲!"

樵夫:"还好,还好。"

路人:"您看起来已经筋疲力尽了。您干了多久了?"

樵夫:"大概五个小时了。这可是个重活。"

路人:"那您稍微休息一下,把锯子磨一下吧!那样您能锯得更快。"

樵夫:"我哪有工夫磨锯呢?我正忙着呢!"

——《伊索寓言》

第01章
战略与机会成本

何为战略

当今,"战略"一词不仅在商业领域,在体育、教育等领域也频频被使用。例如,经营战略、市场营销战略、人力资源战略等。如果在亚马逊上输入"战略"一词进行检索,单是书籍类就有两万余条检索结果。

那么,对于"战略是什么"这一问题,应该不难回答吧。当然,正确答案不止一个,我将其定义为:

战略是指企业为了达到某一目的,充分发挥企业的优势(独特性),为了向目标顾客群体提供比竞争对手更加廉价或更有价值的差异化商品/服务所制订的面向未来的规划。[1]

如果要从中提取一个关键词,应该是"差异化"。那如何实现差异化呢?正如经营战略所指出的那样,需要依靠价格(同样的质量价格更低)或质量(同样的价格质量更优)来实现。

---

[1] 清水(二〇〇七a)三〇ページに加筆。

以上理论，可以用下面的公式简明扼要地概括。只有提升商品或服务的魅力值，才能对顾客产生吸引力。为此需要减小分母（降低成本，从而降低商品、服务的相对价格），或是增大分子（提高商品、服务的价值）。在现实社会中，情况可能会更复杂一些，但是归根结底也只有这两种办法。

$$对顾客的吸引力 = \frac{商品、服务的价值}{商品、服务的相对价格}$$

到此为止都是最基本的常识，问题是如何实现差异化呢？从短期看，利用在战略的定义中所提到的发挥企业的优势来实现，是完全没有问题的。但是，我们无法确保现在的优势会一直持续下去。究其原因，是技术革新、顾客需求变化等所致。但更重要的原因还是，竞争对手的模仿或者是竞争对手的策略变动（例如电子商务普及后，实体店铺受到了很大冲击）致使企业原本的优势变成劣势。

反之，为了维持差异化，或者为了保持长久的竞争优势，必须不断强化优势。因此，资源分配尤为重要。

对任何一个组织或个人来说，人、财、物（最近也有人会加入时间和信息等），这些资源都是有限的。因此，无法实现所有的欲望或者目标。

相信读者们看看自己的书架就能明白。书架上有很多自己想看或是觉得对自己有益的书，但收藏后却没有阅读的书的数量也在不断地增加。简单地说，这主要是由于时间资源不充足造成的。正因如此，我们更应该认识到战略的重要性在于，不仅要知道应该做什么，更要知道不该做什么。简言之，如下所示。

战略的核心 = 差异化

差异化的实现手段 = 资源分配

与商业战略相比，资源分配的话题通常出现在企业战略中，与多元化相关，即资源分配是多样化的。对于拥有多个业务，包括拓展新业务在内的企业来说，应该如何分配有限的资源，并于此基础上在行业中保持长久的竞争优势呢？简单地说，就是不能广撒网，而应该张弛有度。用当前的流行语来说就是进行"选择与集中"（过去的几十年也一直有这个提法）。

有人说，"最初的失败并不是因为没有机遇，而是因为机遇太多没有好好把握"，这对大企业来说也是同样适用的。放弃浪费资源或者毫无益处的项目，而不是战略（最初就不应开始那些浪费资源、毫无益处的项目）。

所谓的为了实现差异化的资源分配，就是为了优先顺序更高的行业，不得不放弃自己想投资的行业。

乍一看，放弃投资、错过机会是机会成本，但是在多数情况下，面临众多机会时，一个也没有把握住才是真正意义上的机会成本。

只要企业尚未形成独特的优势，那么其战略必定伴随着痛苦。如果战略不伴随痛苦，那么每个企业都能做得到。不仅是电子商务领域，在整个零售业都处于领先地位的亚马逊，如今也甘愿冒着风险不断扩大投资，因为他们清楚地知道，如果安于现状，公司的优势将逐渐变弱。

不伴随痛苦的战略看起来很安全，也不存在机会成本，但是从企业未来成长的潜力以及竞争力危机来看，实际上看不见的风险已经存在。

战略的实现往往伴随着痛苦。

如果没有暂时的痛苦，就要在未来承担更多的风险。

何为战略性

与战略相似，"战略性"一词也经常出现。相信大家都知道这个词具有积极的意义，但是它究竟是什么意思呢？

例如，前几天看到《日本经济新闻》出现了如下标题。

- 战略性人才培养
- 推进战略性产学合作
- 推进印度太平洋地区战略性合作

我们会常常将"战略"与"（短期）战术"进行比较，从某种意义上说，"战略性"是指从中长期角度看问题。换言之，非战略性一般是指临场应变性的决策。

那么，非临场应变性的决策就具有"战略性"吗？那些带有"战略性"这一关键词的报道，讲的都是如何大干苦干之类的内容，报道自始至终都没有清楚地阐述什么是战略性的，什么不是战略性的。

虽然战略是中长期的，但是战略还包含了一个重要的含义——如何分配有限的资源。极端地说，就是舍小取大、拼死求胜。

从商业的角度来看，即使在短期内很重要或者能够取得可观的收益，但是如果在中长期不能维持竞争优势，该业务就不具有被投资的价值。反之，虽然投资的业务现在处于赤字或是规模较小的阶段，但是如果它将在中长期的竞争中占据优势，那么这就是具有战略性的决策。

总而言之，战略性决策要考虑对两层含义的权衡取舍。其一，对现有资源的权衡取舍。即权衡现有的资源应该集中在何处。换言之，就是应该舍弃哪些其他的可能性。其二，对时间轴的权衡取舍，即对任何利弊的权衡都是基于对现在和未来的考虑。不能因为某个业务在现阶段处于亏损状态就放弃或退出，如果该业务未来具有潜力也应该持续投资；反之，即使现在处于盈利状态，也应该变卖那些没有发展前景的业务。

任何成功都伴随着权衡取舍。也许有人会反驳：现在的亚马逊无论做什么看起来都很成功。然而，事实并非如此。杰夫·贝佐斯于互联网热潮初期的 1994 年创建了亚马逊。原本是一个良好的开端，但是由于贝佐斯持续构建仓储，从 1995 年上线到 2002 年，连续 8 年都处于亏损状态，甚至有人讽刺应该把 Amazon.com 改名为 Amazon.org（org 是非营利性组织的网站后缀名）。但是贝佐斯不顾华尔街投资者施加的压力，坚持投资仓储，才有了今天的亚马逊。这不正是战略性决策吗！

换言之，抓住眼前的机遇不放并追求利益，未必是战略性的决策。人工智能和区块链都是当下的关键词，但是采用这些流行的服务和商业模式是否真的会先赔后赚呢？

在大型企业里，经常有因为下属提出的想法有风险而不予采用的管理者。但如果一家公司采用不冒险的战略，也能实现差异化,拉开与其他公司的差距,那么管理者的职位就没有存在的必要了。

战略性的＝先赔后赚、拼死求胜

小松公司的绝对优势经营

再举一个"战略性"的例子——小松公司的绝对优势经营。小松公司的坂根正弘顾问在《日本经济新闻》上的《我的履历书》[1]专栏上如下写道:

> 在策划新机型时,开发、生产、营销、售后等各个部门会齐聚一堂共同商讨,直至意见达成一致。在会议上,自始至终都在进行类似"如果在这一方面与别人竞争会处于劣势"之类的争论,产品的特性不断被削弱,最后得出的结论基本上都是略高于平均分,但缺少趣味性的商品群。于是我会召集营销和开发部门的负责人,告诉他们:在开发新机型时,就必须做好有所牺牲的准备。
>
> 先确定好与别人竞争时处于劣势也无所谓的部分,再将现有的经营资源投入环境、安全、信息通信技术等几个重点领域。就是在这种权衡取舍之下,混合动力液压挖掘机诞生了。当我提到"绝对优势产品"这个词的时候,开发部门的

---

[1] 坂根正弘「私の履歴書」『日本経済新聞』二〇一四年一一月二六日。《我的履历书》是《日本经济新闻》的栏目之一,每月选取一位在各行各业取得突出成就的人物,连续每日刊载他的人生经历。——译者注

每个成员都神采奕奕，同时生产部门、合作企业也都从平均主义的框架中被解放出来，提出很多出类拔萃的方案。仅仅凭借一个词改变了一个组织，这是我未曾想到的。

几乎所有的企业，都将自己的商品和服务与竞争对手进行比较，然后改进，实施标杆管理，即在价格、功能、品牌力、便利性、交付期、耐用性以及售后服务等方面立标、对标、达标、创标（图1.1）。如果试图让所有指标都超过竞争对手，往往不能如愿。退一步讲，即使超过对方，差距也是微乎其微的。

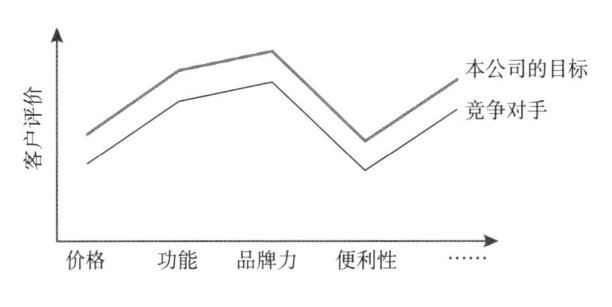

图1.1 常见的标杆分析法

资源的有限性导致了这种必然的结果，而且，竞争对手也在全力以赴地开发商品。或许你的商品在研究所里进行检验时更胜一筹，但是在顾客的眼中并没有本质上的区别，同时技术工作人员也只是在单纯地进行技术模仿，因而不会对自己公司的商品产生任何自豪感。这正是坂根先生所提到的平均分主义导致的后果。标杆管理的背景（日本的教育行业也是如此）来自消除弱点、绝不服输的思想。这与上一节中所提到的先赔后赚理论完全相悖。

因此，绝对优势经营的核心不是绝对优势，而是牺牲。先确定牺牲什么，再把资源分配到绝对优势上。坂根先生还曾指出，"只有最高决策层才能说出，'输了也没关系'这句话"。这种对资源分配的权衡取舍，才是对"战略性"的最佳解释（图1.2）。

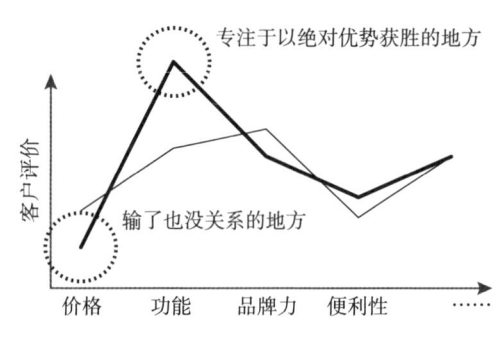

图1.2　绝对优势经营思维

反之，如果没有做好牺牲的准备，就无法做到以绝对优势取胜。拥有优秀的人才与技术，却在全国或是全球化的竞争中输得一败涂地的企业，大都是因为没有看清机会成本。

实际上，我们身边也有很多战略性的事例。举一个极端的例子，比如乘坐电车上班。明明比别人早起一小时或半小时，就能舒舒服服地坐上相对空一些的电车，为什么大家还是选择乘坐挤满人的电车呢？是不是只能说"我知道，但是……"呢？当然，如果每个人都这么想并且采取同样的行动，只会让拥挤时段提早一个小时，倒不如晚一点出发。从俗语"射人先射马"中也能体会出战略性的含义。"一回生，二回熟""不患人之不己知，患不知人也""投桃报李"等，有好多谚语、俗语都能体现出"战略性"一词的含义。

因此，"战略性"一词，无论是对个人还是组织来说，都没有想象的那么复杂。但是，真正实施起来却并不是一件容易的事情。2018年平昌冬季奥运会（简称冬奥会）上，羽生结弦成为自1966年以来第一位蝉联冬奥会男单花样滑冰冠军的选手，他在赛后的采访中谈到了自己断舍离一切的觉悟。他说："为了连胜，我做好了放弃所有快乐的心理准备。即使是很普通的事情，我也会对其深思熟虑：我现在需要这样的快乐吗？我感觉自己放弃了身边几乎所有的东西。"

正是拥有这种对胜利的渴望，羽生结弦才能够勇敢地断舍离。如果一个人或一家公司真的想要赢，最好是意识到竞争对手正在竭尽全力迎接挑战这一现实。

战略性 = 没有想象的那么复杂，但是多数组织或个人做不到

对红海市场的幻想

我们重新回到战略这一话题。战略立案最基本的研究方法是3C分析，即对顾客（Customer）、竞争对手（Competitor）和本企业（Company）的分析。

首先，在分析顾客群体时，可以通过对顾客市场细分、顾客购买行为的差异、增长率等的分析来确定目标顾客群体（顾客细分本身也是十分重要的因素）。

其次，在对竞争对手的分析中，应该调查竞争对手的优势、劣势以及未来目标。尤其是在当今时代，产业边界越来越模糊，因此我们更需要意识到目前的竞争对手未必是将来的竞争对手。（例如，你能说出数码相机的竞争对手是谁吗？）

在对战略进行定义时已经强调过，要做到差异化，必须清楚自己公司的资源状况以及优势所在。

依据以上的 3C 分析，我们可以得出如下结论：经营战略是发现顾客的需求，并且力争做到该需求只有自己的公司可以满足，而竞争对手无法满足。这就是前文提到的绝对优势经营，用当今全球企业界一句流行语来说就是蓝海市场战略（图 1.3）。

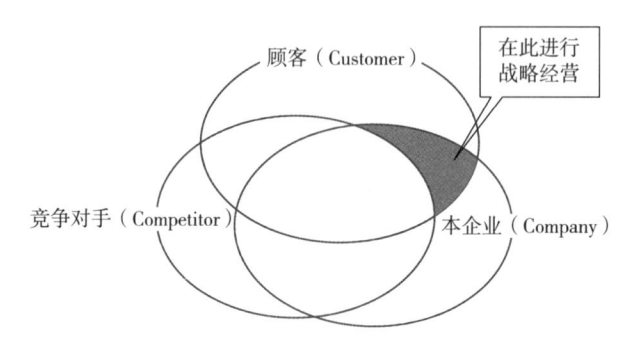

图 1.3　3C 分析与战略经营

然而，现实并不会一帆风顺。即使存在蓝海市场，也会出现市场规模小或者成长性低的问题（因此，竞争对手也不会进入蓝海市场）。

所以，管理层会把注意力转向蓝海市场的相邻区域（俗称红海市场），即虽然有竞争对手的参与，但是由于市场规模较大，本企业也可以在该领域寻得一席之地。比如欧洲共同体、金融科技、人工智能等，就属于这样的领域。

但是，当与战略的定义相反，无法做到差异化时，往往会出现同质化以及价格竞争等情况。不断被"血洗"的红海市场逐渐扩大的结果就是，投资得不到回报，或者企业成为压榨员工的黑心企业（图1.4）。

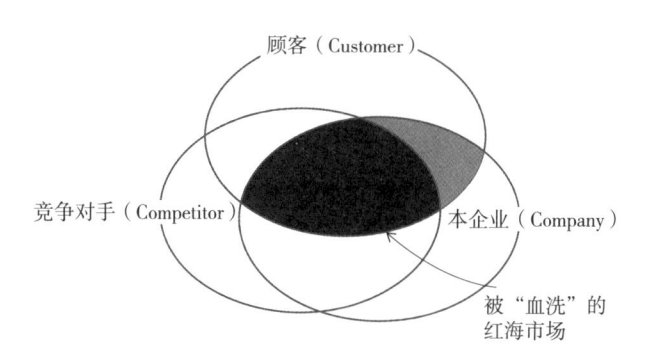

图 1.4　现实中的战略经营

因为这样的事例比比皆是，所以我们需要重新思考一下战略的问题。前几节我们讨论过"战略"和"战略性"的定义，如今的经营者也不可能完全不知道"战略"或者"战略性"的定义。虽然MBA课程脍炙人口，介绍战略的书籍也是多如牛毛，但很多公司为什么还是无法做到差异化呢？

"如今，日本市场已经发展得非常成熟，所以即使是红海市场，也只能硬闯。"这个回答听起来很完美，从某种意义上来说可能也确实如此。然而，更本质的答案却是盲目乐观："虽身处于红海市场，但市场非常大，总能找到生存下去的方法吧。"

既然眼前已经出现了可见的红海市场，那么脑海中自然闪现出"市场机会难得、不容错过"这种肤浅的机会成本意识，再加上已经受到了短期冲击（包括股市方面的压力），于是最终也只能退而求其次（即放弃蓝海转向红海）了。但是，其结果便是，原本应该投入蓝海市场的资源（尤其是人才）大量地投入红海市场，并被消耗殆尽，变成了真正的机会成本。所以，我们绝不能因为看不见新开拓的蓝海市场的机会或者是扩大已有蓝海市场的机会，而忽视它的存在。现实恰恰相反。

可视的现存市场 = 对红海市场的投资，是导致蓝海市场投资资源枯竭的原因

最不了解自己的是自己

还有一个最根本的原因——自己不了解自己的公司。

伴随着全球化以及网络、智能手机的迅速普及，市场环境、竞争环境也必然产生快速的变化。但是，如果和大型企业的经营企划部的人员交谈，你会发现，他们都在强调精致华丽的市场分析、竞争分析是不可或缺的。显然精致华丽的中期计划也是基于这两者而产生的。

然而，多数人都没有做到（或者说没有花费时间或精力）对自己公司进行分析。当然，大家都会做一些对销售额、成本结构以及同竞争对手相比生产力是高还是低之类的分析。自从人口结构变成了塌陷型以来，就屡屡听到经营人才不足、必须进行人才强化，以及减少离职等问题。

但现状是，对战略的本质，也即拥有怎样的资源和能力，说得更透彻一些，就是对于"优势是什么"这些问题的分析，只停留在很肤浅的层次上。

也许有很多人会对此表示反驳，那么请大家扪心自问一下：

- 自己公司的优势是什么？
- 以前面提到的小松公司为例，是输了也无所谓的项目，还是以绝对优势可以胜出的项目？
- 让顾客非本公司的商品（服务）不选的理由是什么？

这些都是在进行思考战略时，必须考虑的最根本要素。但是，有多少人能够立刻明确地回答"答案就是这个"呢？实际上，在企业的管理层研讨会上，被问到自己公司的优势时，很多管理者往往花费半天甚至一天时间也不能清楚地说出答案。

也有很多人最初会回答是技术、某领域的专业知识、对顾客的吸引力等。但是，当进一步提出，"竞争对手真的无法效仿吗？""顾客真的是因为独特性才选择贵公司的商品吗？"等问题时，最终只能得出"自己公司的优势并不突出"的结论。

其实，这不仅仅是日本企业存在的问题。哈佛商学院的辛西娅·蒙哥马利教授在其论文《战略的核心》[1]中列举了以下三个很多经营管理者无法立刻回答的问题：

- 如果你的公司面临倒闭，谁受到的冲击最大？理由是什么？
- 最受影响的顾客是谁？这又是因为什么？

---

1 Monggomey（2008）.

- 取代你们公司的企业多久会出现？

试想一下，日本企业一直提倡以人为本，没有技术含量的服务业和金融业自不必说，即使是制造业也处于技术极易被复制的竞争环境中。因此，每位员工是否持有创造性观点，是否能够向顾客提供高价值的商品和服务，才是在竞争中取胜的关键。

但是，每一位员工进入本公司的动机是什么，对自己的现状是否满意，对公司的前景是否充满期待，为了帮助员工做职业生涯规划以及成长，公司应该如何构建员工个人培养计划……又有多少公司愿意投入时间和资源解决这些问题呢？

据说某家超大型企业经常需要跨部门的提案，但是，每次都苦于无法迅速召集有相关经验又有能力的员工。其主要原因在于该企业完全没有建立管理员工基础信息的数据库。

因此，新任命的项目经理（项目经理的任命也是如此）只能给同一年进入公司的同事或是以前有过跨部门工作的经验者轮番打电话，每一次都需要收集各种信息。如果员工对公司情况不了解，只会降低效率，增加看不见的机会成本。

如果在看得见或是了解的领域里面挑选员工，那些在看不见领域中的优秀领导者或员工可能会被漏选，从而埋没了那些在看不见的区域中的优秀带头人和成员，或者那些虽然缺少经验但是对项目充满热情、参加项目的欲望极其强烈的人才也有可能被排除在外。而一个项目成败的关键却有可能恰恰在此。

实际上，越来越多的企业开始做员工满意度调查，但是大家往往不知道应该如何处理调查结果。经常有"做了就结束了"或是"非常满意、比较满意的比例很高，所以没有问题"这样的错误认识，而无法找到真正的问题所在。[1]甚至有很多企业根本就没有理解满意度调查与人才培养、提高公司竞争力之间的关系。

作为上司的你，知道下属的家庭结构、知道他怀有怎样的梦想吗？知道他曾经因哪些工作而感动、在什么时候悔恨不已吗？不知道这些的你，又如何激发他的干劲儿呢？

我在庆应义塾大学商学院的欧美/亚洲交换留学生和日本本国学生的混合班级里，用英语开设了一门名为"不确定性与组织管理"的课程。我在这门课程的课堂上，经常强调的一点是，"不确定性往往被理解为未来的不确定性或是外部的不确定性，但是真正的不确定性存在于公司内部"。乍一看，在起步阶段就被环境变化的恶浪拍打而遇难的企业，其实最根本的原因往往在于内部的分裂以及由于方向、意见的不同而产生的分歧。

机会成本的出现固然受外部环境的影响，但多数还是源于对内部（公司本身、公司的员工）的不了解。

战略清单

在这一节里，我想阐述的观点是：战略清单并不是列出想做事情的清单。没有优先顺序、这个也想做那个也想做的清单，眉毛胡子一把抓，虽然有些公司将此称为中期战略，但是否合

---

[1] 詳しくは、清水（二〇一六）の第一部「書籍篇」の第三章をご参照ください。

适，还需深思。

在政治界，常常听到"散播"一词。选举的时候，一群名为政治家的人在拼命地用听起来令人舒服的言语列举着令人期待的公约清单。他们或许苦苦思索了公约清单的内容，却从不考虑公约的实效性与战略性。想做的事情堆积成山，但是如果将资源分配到每一个要做的项目里面，那么每个项目都不会得到令人满意的结果。即使没有读过《坂上之云》或是《失败的本质》，也应该清楚，战略资源的逐次投入会导致失败。

能否向受到利益牵动的全体国民表明，"尽管这是断肠之痛，但是我们必须首先脚踏实地地迈出这一步。我会竭尽全力让未来变得更美好，请大家耐心等待"，是获得选举胜利的真正捷径。

同时进行很多事情，就会导致人力、物力、财力以及注意力全部被分散，或者没有很好地管理那些人力、物力、财力以及注意力，其结果就是陷入所有事情都做不好的恶性循环。因此，一事无成往往是由以所有的事情都要做的态度来应对局面所导致的。

当然，对事情进行优先顺序排列会伴随着风险。如果因为排序不对而出现了问题，应该如何处理呢？为了避免这种风险，短期的、最有效的方法就是厘清列表上的选项。

对政治家来说，即使没有得到预期的结果，也希望获得一个"我们尽力了"的证据。所以无论机会成本有多大，都视而不见。顺应民意听起来很美好，但是这充分说明了一位政治家没有深谋远虑。

为什么要针对政治家、高层管理者说这些呢？因为为了实现重要的中长期目标，政治家或决策层不仅需要拥有"不想做的事也要去做""想做的事也要懂得放弃"的胆识，还负有向一般民众或者员工解释并让其接受的责任。

众愚政治并非民主主义。在是否留在欧洲联盟这个问题上，英国前首相卡梅伦由于不想承担责任，而将决定权交给国民投票，这一做法自然饱受非议。

作为一名领导者，不仅要着眼于当下所面临的问题，更应致力于解决看不见的问题。如果无法做到这一点，那么和那些因害怕受伤而拒绝一决胜负的、笨拙的武士有什么区别呢？世上没有不伴随痛苦就能做好的工作。对一个领导者来说，绝非只致力于解决那些轻松的、当下的问题。

战略清单，不是想做的事情的清单。

领导者的工作，不是着眼于解决当下所面临的问题，而是致力于处理看不见的重要问题。

第二篇

决策过程中的机会成本

> 我们经常对管理层说：一定要经受起无论做什么事情都要做计划的诱惑。大多数的计划过于细致周到，制订这种计划容易陷入"计划做得很细致，完全没有漏洞"的幻想中，因此无法关注到计划外发生的事情。濒临危机时，领导者不应该为了行动而思考，而是应该为了思考而行动。
>
> ——卡尔·维克

第 02 章
计划与机会成本

制订计划的弊端

所谓战略,就是对未来的计划。而计划并不都称为战略。常常有人误解制定战略就是制订中期计划,其理由在于他们固执地认为"收集可靠的信息,并制订明确的计划"是成功的关键。

在旅行、资金使用等方面,计划极其重要。比如,旅行前是把时间用于制订计划还是用于别处,当然要看这场旅行在你人生中的重要性,但是如果以旅行本身为目的,不事先计划好飞机怎么换乘、入住哪家酒店就会很麻烦。

反之,为什么说制订旅行计划很重要呢?是因为很多选项是固定的,我们只需从中做出选择就可以了。飞机也好电车也罢都有时刻表,有多少能入住的酒店也都可以提前查到。旅游景点的营业时间或是休息日也都是固定的。在了解这些信息的基础上,决定怎样分配时间就是制订计划。当然,也有人喜欢那种没有计划的、说走就走的旅行。

但是，考虑战略时，固定不变的影响因素却少之又少。即使市场规模的变动幅度不大，技术水平、顾客需求、采购预算、竞争对手的战略也会发生变化，甚至还会面临新出现的竞争对手的挑战，永远不变的只有变化本身。在新兴市场国家，还需要随时应对可能出现的政策变化，以及由此导致的汇率波动等不确定因素。

竭尽全力收集"滞后"的信息，并基于那些信息制订的计划即使看起来很精致华丽，不也是在浪费时间吗？尽管如此，很多企业都会制订中期经营计划。当然，企业需要充分考虑增长率、成本等问题。精致华丽的电子表格中写着未来五年的销售额、利润、现金流量等指标，会给人一种离成功很近的错觉。计划本身就是对未来的一种预测，会随着时间的推移而改变，不可能一切都按计划进行。

虽说如此，还是有很多企业把90%的时间花在制定战略上，留下10%的时间投入实际行动（日产汽车公司在某个阶段也是如此）。在经营管理中一边提倡PDCA［计划（Plan）、执行（Do）、检查（Check）、处理（Act）］循环，一边执行PDPD循环的企业不在少数，更有甚者一直停留在PPPP的死循环中。很多人错误地认为，计划目标的量化很容易取得成功（或许只是为失败找了个借口）。

实际上，在几十年前就有人对这样的中期经营计划或者说战略计划的价值提出了质疑。被称为IBM（国际商用机器公司）"铁骑救主"的郭士纳在担任麦肯锡企业顾问时曾指出，"中期经营计划宛如快餐，吃过之后觉得很饱，但是过了一会儿却不记得自己到底吃了什么"。[1]

当然，我在后面也会提到计划并非毫无价值，但是究竟要投入多少成本与精力在制订计划上呢？尤其是组织中堪称优秀的企划人员，花费数月的时间美其名曰为"制订计划"，实际上是左右逢源于公司内部的政治斗争，这有意义吗？

从东芝收购西屋公司的相关报道中可以看出，如果制订的计划不合理，并将其付诸行动，只能使企业陷入困境。简单来说，乱用甚至是滥用计划之前一定要三思。

因此，从机会成本的角度看，制订经营计划（包括战略计划）时，必须注意以下几点。

第一，要重视发生单纯的机会成本的可能性。如果将原本用于制订计划的精力投入其他更重要的地方，或是适时中止制订计划而转向实施计划，或许会获得更优的信息、取得更好的结果。

以下几点更应该引以为戒。

第二，安心于计划制订。计划制订后完全没有精力付诸实施，或是误以为只要按部就班地执行计划就能取得成功。

第三，将计划"神化"。当环境发生变化或原有的计划已不能适应实际情况时，公司仍然要求员工按计划进行，最终导致制造商采取销售填塞渠道策略，"制造"销售额，甚至做假账以掩饰亏损。

第四，更有甚者，对计划之外的机会视而不见，因此产生

---

[1] Gerstner（1973）.

机会成本。

然而，在深究以上四个问题之前，我们应该思考一下为什么越是拥有丰富人才资源的企业，越是重视制订计划这个问题。

对计划的三个认知错误

加拿大麦吉尔大学的亨利·明茨伯格教授提出了导致过高评估计划的三个误解，[1]并强调无论是战略计划还是别的计划，都需要考虑制订计划的前提条件，在有的符合前提条件，有的不符合前提条件的时候，很多人忽视了这一点。对此，我也持有相同意见。[2]

误解一：预测是可能的。这不仅指对未来的预测，也包括在某个固定时间点上进行的预测。所谓的战略计划，是以战略的制定和实施过程中外部环境没有变化，而且整个过程完全按照预想进行为前提的。

如果不这样考虑，就无法对"每年6月1日提出战略方案，15日由董事会批准"的这一决策过程做出合理的解释。战略计划真的如同每年例行的秋祭吗？对此说法持质疑态度的人，多数都是正确的。

其实，企业顾问早已指出问题的本质，"原本应该是具有灵活性的战略制定，却变成了日历上的例行活动"。[3]明茨伯格教授

1　Mintzberg（1994）.
2　清水（二〇〇七b）。
3　Mankins and Steele（2006）.

甚至批评安索夫提出的"对于战略计划的预测应该在 ±20% 的范围内浮动"的理论愚蠢至极。

曾经，有很多类似的伟大预言。

> 未来，世界只需要5台计算机。
> ——托马斯·J.沃森，IBM 创始人，1943 年
>
> 我找不到普通家庭也需要计算机的理由。
> ——肯·奥尔森，迪吉多电脑创始人，1977 年

在《狐狸与刺猬：专家的政治判断》中，美国宾夕法尼亚大学的菲利普·泰特洛克教授就曾断言，专家的预测和预言是不可靠的。[1] 他收集了 8.2 万条以上的、与政治决策相关的预测与预言并对其分析后，发现那些所谓的专家预测的准确度极低。

专家和外行的区别，不在于预测内容的准确度，关键取决于是否信心十足、是否理由充分。更有趣的是，很多"专家"，即使发现自己的预测是错误的，也不会修正自己的错误。泰特洛克教授指出了专家最常用的七大借口。

- 预测的前提条件发生了变化。
- 发生了一些意料之外的事情。
- 只是一纸之隔。
- 这次虽然没有朝着预想的方向发展，但是预测本身是没有问题的，预测的结果总会在将来的某一天出现。

---

[1] Tetlock（2006）.

- 政治的复杂性难以被准确预测到（经营、教育等任何领域都是如此）。
- 这是一个很好的错误（例如，对俄罗斯的高估胜于低估）。
- 小概率事件竟然奇迹般地发生了。

你是不是也在哪儿听到过（或是听说过）类似的言论呢？顺便提一下，这些冠冕堂皇的理由不仅可以成为预测失败的借口，即使在成功预测的时候也是相通的，但这些理由却并未在成功预测时被提及。

误解二：战略具有可分离性。明茨伯格教授列举了几组经常被分开考虑的事物，战略与战术、计划制订与计划实施、计划制订者与计划实施者、战略家与战略目的。在此背景下，会产生只要按照制订的战略计划实施就可以取得成功的误解。

预测，是基于历史数据做出的判断，无法包含最新的信息以及意料之外的因素。进一步说，为了将战略量化，需要设置很多前提条件。

比如，在考虑市场规模的时候，经常用到"年收入几万以上的30~40岁女性"等统计数据对市场进行细化。因为对市场规模，即需求的量化是非常困难的，所以只能先假设这款产品或服务适合于某个年龄段的人群，然后基于量化指标进行替代性分析。但是，这样很容易产生"四十多岁的女性对这款产品或服务没有需求"之类的错误判断，或者出现手段目的化的问题。

当然，在战略制定中，并不是不可以运用替代性分析的。但是，如果仅仅依靠一些前提条件来制订精致华丽的计划，那么初始条件的极小变化将会引起结果的几何级数的变化（这就是所谓的"蝴蝶效应"）。

战略，分为意图性的、依靠数据制定的预案型的部分，和在执行过程中新发现的以事实为基础的偶然性地、创造性地决定的应变型的部分。

在此意义上，为了成功地执行而收集信息、制订相应计划固然重要，但是对于企业战略而言，在面临很多不确定因素的情况下，通过战略的实施收集信息或是只要战略不被实施就收集不到信息，才更具有现实意义。本书后面提到的精益创业与"A/B 测试"[1]就是基于这个理念。

误解三：战略是常规性、系统化的。很多人误以为系统化就能高效率地处理信息。的确，在变量或者产出既定的情况下，系统化可以实现信息处理的高效化。然而，明茨伯格认为，在战略制定的过程中，系统化非但没有得到正面效果，反而会导致情况恶化。

战略规划存在三种误解。
- **预测是可能的。**
- **战略具有可分离性。**
- **战略是常规性、系统化的。**

---

[1] A/B 测试，指在将两种不同的东西（即 A 和 B）进行比较时，令 A 和 B 只有某一变量不同、测试用户对于 A 和 B 的反应差异，再判断 A 和 B 何者更优。——译者注

偏好计划的 MBA

2015 年 5 月，一则以"学生在创造力方面低于幼儿园儿童？"[1] 为题的报道，震惊了商学院的教授以及 MBA 的支持者。

这则报道的结论出自 2010 年 TED 大会上举办的"棉花糖挑战"实验。[2] 游戏规则为四人一组，每组分得棉花糖 1 支、意大利面条 20 根、90 厘米的绳子 1 根、胶带 1 卷，要求一组四人的团队在 18 分钟内搭建一个独立的塔，并且规定棉花糖必须放在最上面。在这个实验中，在 18 分钟内制作出最高的塔并成功把棉花糖放在塔顶的小组胜出。

除了 MBA 学生，还有律师、企业 CEO（首席执行官）等六个团队参加了本次实验。实验结果如图 2.1 所示（没有精确数据，只是粗略的示意结果）。

大家或许可以接受建筑师和工程师做得最好，但是无法理解，为什么 MBA 的学生团队做得最差呢？（MBA 学生、企业 CEO、律师都败给了幼儿园儿童。）

1　スコット・D・アンソニー「MBA の学生の創造性は幼稚園児より低い？」DIAMOND ハーバード・ビジネス・レビュー・オンライン、二〇一五年五月二七日。
2　ぜひ TED をご覧ください。「トム・ウージェット——塔を建て、チームを作る」（https://www.ted.com/talks/tom_wujec_build_a_tower/transcript?language=ja#t-353100）。

(高度，厘米)

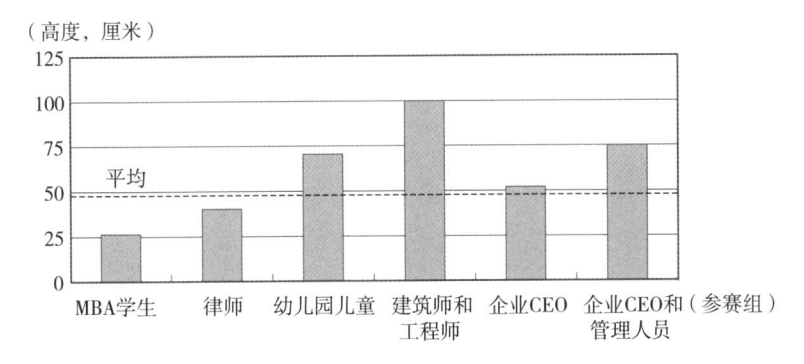

```
125
100
 75  平均
 50  ----
 25
  0
   MBA学生  律师  幼儿园儿童  建筑师和  企业CEO  企业CEO和（参赛组）
                            工程师              管理人员
```

图2.1 棉花糖塔的高度

用一句话概括，MBA学生的问题在于：他们认为一定要制订出详细的计划，结果把时间更多地浪费在计划的制订上。通过TED的相关视频可以看出，18分钟的实验主要包括四个阶段：一是明确目标、争夺主导权（分配任务）；二是制订计划，设计草图；三是搭建塔；四是将棉花糖放到最上面，同时欢呼。MBA学生在制订计划阶段浪费了很多时间，以至在最后一秒钟才把棉花糖放到塔的顶端。很多情况下，意大利面搭建的塔很有可能在那个瞬间轰然倒塌。

在第一章已经提到，计划或逻辑固然重要，但是在充满不确定性因素的情况下，缜密的思考也未必能取得成功。其实，从上面的实验中可以看出，MBA学生有一种倾向，即在没有必要的步骤上花费了过多心思。在面对新业务甚至是未知事物的时候，很多人和MBA学生一样，将大量的资源与时间投入在了制订计划中。

与MBA学生形成鲜明对比的是幼儿园儿童的做法。他们只是单纯地、不断地建塔，并试图将棉花糖放在塔的最上面。当然，开始的时候并不能顺利地进行并且连连失败，但是他们从失败中得到"这样做行得通""那样做完全不可行"的反馈，不断地修正自己的做法。因此，与深思熟虑（几乎没有实践）的MBA学生相比，幼儿园儿童搭建出来的塔更高。TED在这次实验中强调了"原始模型"的重要性。

写了这么多，我要表达的核心思想非常简单：知识和计划固然重要，但是更需要去实践。在提出设想之后，实践才能出真知。尤其是在新事物不断出现以及无法预测未来的背景下，更需要实践。（甚至还有"笨人想不出好主意"之类的日本职场谚语。）

在实际的商务活动中，也会遇到很多类似于棉花糖挑战的情况。此时，如果要制订精细或是正确的计划，就会花费大量的时间。而且更糟糕的是，花费大量时间制订出来的计划竟然完全不可靠。如果强制实行这个好不容易制订出来的计划，只会导致落伍于时代发展或是遭受顾客冷落的结果。社会学泰斗、美国密歇根大学卡尔·维克教授曾经说过："面对危机的时候，决策者不应该为了行动而思考，而是应该为了思考而行动。"

由于制订计划花费了大量时间与资源，导致计划无法执行（或者被推迟执行），结果无法获得真正重要的信息。

安于计划

关于计划存在的问题，不仅在于在没用的计划制订上花费过多的时间和精力（本应该用于更重要的计划执行等活动），还在于因为耗费精力制订了自认为有效的计划而带来的安心感。

这样势必会使计划制订者忽视计划外的事物或信息，或者如果没有按照计划进行就抱怨："顾客完全没有理解我们商品的价值""现实中，存在太多不可解的现象"。这是基于对计划的盲目相信而产生的。在计划制订上投入的资源越多就越容易过度相信计划，由此形成了机会成本的恶性循环。我们应该警惕"计划一旦制订就不能将其放弃""执着于支持假说的数据收集"等副作用。

这种现象在心理学上被称为禀赋效应。丹尼尔·卡尼曼教授曾经指出，参照点对决策的影响至关重要，人类具有一种一旦决定就不愿意改变决定的倾向，即使是那些无所谓的选择。这样考虑的话，也不难理解很多人固执己见，对离婚后提出的复婚提议表示"已经决定好的事情，不想改变主意了"。

将话题拉回"对计划的过度相信"上来，其实我们身边也有很多这样的例子，例如"手册控"。这些人通常认为按照手册所写去执行就可以了，并将手册当作免罪符。他们忘记了自己原本的目的，仅是按照纸上（最近变成了网站上）写的步骤去执行，把手册作为目的而非手段使用。

将"这是规定"作为拒绝解释说明的理由，这种做法对一无所知的兼职人员可能有效，但是如果企业对顾客也这样说，手册或是计划就变成了让人停止思考的东西。

一旦停止思考，人们就会更加倾向于手册化。那些原本只要简单考虑一下"顾客的价值"就能判断出来的事情，也要事无巨细地编写到手册里去。如果一遇到投诉就依据手册的规定处理，那么公司的手册可能会达到成百上千页，而现实中也确实存在这样的公司。这也是恶性循环。上千页的手册通常没有人会去看。明明花费了很多时间编制手册，员工为什么还会出错呢？管理层对此表示不解。

大家必须清楚：手册的存在是为了达成目的的、现阶段的最佳假说。正因如此，无印良品才会频繁地更新手册。

再换一个话题，关于对东日本大地震所采取的措施的反省，畑村洋太郎教授阐述了这样的观点："政府提出为了应对海啸，今后会建设更高的防潮堤，但是我们并不清楚这作为应对海啸的对策是否有效。"[1]

或许有人会感到疑惑："啊？什么？"原因在于，如果建造了很高的防潮堤，人们会有一种安心感。因此，即使响起了海啸警报，人们也不会急于避难。其实，在地震发生后日本消防厅会发出海啸避难警告，但是真正避难的人，通常是那些没有经历过海啸灾害或者是从别处新迁来的人。很多居住在防潮堤内的人，偏执地认为他们是被防潮堤保护着的，因而往往在海啸发生时错失了逃生的机会，并且有很多这样的人。

还有这样一个例子。东日本大地震以后，与核能发电有关的媒体报道层出不穷，其中的一篇如下[2]：

---

[1] 畑村（二〇一一）。
[2] 「風見鶏——減災への歯車を回す時」『日本経済新聞』二〇一一年五月一五日。

1999年9月，茨城县东海村发生核反应堆临界事故时，我为在政府官邸听到的言论感到震惊。当时的核安全委员会的最高领导在政府对策会议中说道："对于意想不到的事故，我们完全没有对策。"……因为对策总部没有采取有效的措施，JCO（住友金属矿业的子公司）的员工在现场当即组成敢死队。在他们的冒死作业下，24小时内解决了核反应堆临界问题，使其脱离了危险状态。

如果在预料之内，就不需要领导者了；只要严格地按照事故应对手册执行，就可以快速地处理预料之内的事情了；并且一个领导者，竟然在不了解自己是为应对和处理突发事件而存在的，就成为领导者，那么任命的一方和被任命的一方，未免都太欠考虑了。

因此，准备也好，计划也罢，除了令人安心，还会使人缺乏警惕性。换言之，就是逃避现实，是一种一厢情愿的解释。其结果就是，失去应对预料之外的、突发事件的想象力与执行力。

如果安心于（过分相信）计划，将会陷入忘记目的、逃避现实、停止思考的状态。

神化计划

计划是基于若干前提条件制订的，归根结底只是制订大致目标，因此组织成员以及其他利益相关者的意见在制订计划的过程中发挥着重要的参考作用。

然而在现实社会中，某个企业发表的中期经营计划，往往成为投资者对企业进行判断和评价的材料，股票价格也因此出现涨跌。实际上，对股票价格做出反应的例子之一，就是实际值与期待值出现偏差。极端地说，即使营业利润额比前期增加了20%，但如果目标是增加到25%，那么也会出现股票猛跌的现象。

更现实地考虑，股票与其说是一种投资，倒不如说是金钱游戏的一环，因此，或许只是过高地反映了公司业绩评价的股价，也应该回归到更加反映现实状况的水平（股价回归至真实价格）。但是，一部分经营管理层对这样的股价变动、拥有发言权的股东的动向等，过于敏感。

介绍一个我曾经分析过的案例。2006年，Drecom公司（日本游戏公司）在东京证券创业板正式挂牌的第一天，购买者蜂拥而至，股价暴涨。上市第三天，股价升至每股347万日元，达到初始价格每股76万日元的4倍之多。股价涨到每股562万日元时，内藤裕纪社长说他强烈地感觉到："回过头看，当时确实有些自以为是了，但当时我们必须让股价追上人们的预期，不然有负于人们的期望就相当于被落下了。"被市场愚弄，中途有些迷失自我的Drecom公司，其后股价暴跌至每股28万日元，直面破产的危机。但是随后通过"Drecom复兴计划"，其最终蜕变为增长稳定的公司。[1]

---

[1] 「株式会社ドリコム（A）」慶應ビジネス・スクールケース教材、二〇一三年。

即使是美国的华尔街，在很长一段时间，也流行着在每季度的决算中使用"实际利润比目标利润高出 1 美分才是理想的经营方式"这种理念，直到最近这一理念才渐渐被淡化。甚至业绩受飓风、大雪等完全无法预测的自然灾害影响的保险公司，竟然也持有"高出 1 美分"这样的理念，这在很大程度上意味着，本来不可能的事情被视为理所当然的事情。

这样做的结果就是：本来是为实现目标提供路线、假说的计划制订，竟然变成了目的本身。"必须按照计划执行"的规则，被强制灌输到公司内部，如果该公司为制造商，就会采取销售填塞渠道策略，"制造"销售额，甚至为达到计划的目标而做假账。

不难想象，这种无意义的工作所产生的副作用会有多大，有多么危及公司的存亡。但是为什么为了达到目的而不择手段的公司还是层出不穷呢？这个问题，真的需要这些企业的管理者扪心自问了。

最近，日本企业数据造假的丑闻频繁被新闻媒体曝光，日本制造业将何去何从呢？甚至有些恶劣的报道说，"多元化导致了章鱼型组织"。关于这个问题，我也接受了采访。[1] 记者好像特别希望从我嘴里听到"应该强化管理""应该如何修正 JIS 标

1　たとえば、「ＪＩＳの『トクサイ』隠れみのに」『日経産業新聞』二〇一七年一二月二八日。

准[1]"之类的关键词。但是我是这样回答他们的:"问题的关键不在于标准和管理,而是态度。"[2]

当然,管理是必不可少的。但是,这与黑客问题相同,想要造假的企业负责人总会找到漏洞。但是,只有钻过那些漏洞,才能开始造假。想要填补每个漏洞而进行捆绑管理是非常困难的,并且这样做在很多情况下会产生失去创造性和现场自由度的机会成本。

如果追究造假原因,其罪魁祸首通常是对计划的神化,相比于员工对工作的成就感或是自豪感,这些企业往往更注重"数字"的企业文化,企业的领导者缺乏想象力,且并不会试图理解员工的心情。

接受采访过后,我再次回顾前文所提的小松公司的绝对优势经营时,发现了下面这则报道。[3]

> 河合先生(前社长河合良成)曾经这样教导我们的技术人员:"不要理会JIS,也不要顾忌成本。"他甚至直接下令:"你们不能仅仅满足于JIS。品质第一,你们必须制定出自己独有的、规格更高的标准!"

---

1 JIS标准:Japanese Industrial Standards,日本工业标准的简称。JIS对一般机械、汽车、日用品、信息技术等几乎所有产业的产品规格以及测量方法等做出详细规定,是日本国家级别标准中最重要、权威的标准之一。——译者注
2 在与东芝新任CEO车谷畅昭的对谈中,虽然一次也没有出现与"各部门的管理"相关的词汇,但是2018年2月15日的日本经济新闻的报道却以"各部门的管理"为小标题。
3 坂根正弘「私の履歴書」『日本経済新聞』二〇一四年一一月九日。

在那个年代，有个不成文的标准："只要符合JIS的要求，就已经及格了。"而河合先生的这番话，不啻一记当头棒喝。

至于东芝公司之所以陷入危机，背后的原因错综复杂。东芝公司不仅面临股市的压力，而且内部权力斗争不断，对外又要保住其在经团联[1]的地位。公司的计划与其说是被神化了，不如说是被当作了政治工具。

所谓计划，尤其是经营计划，其内容多半为大致目标，但往往具有强制力（或约束力），对此必须加以注意。但另外，管理者也必须充分了解业务部门的能力，这样才能坚信"即使偏离原计划也无妨"。如果对自己和自己的组织缺乏自信，组织就会沦为政治工具。

计划原本只是手段，但如果将其神化、当作目的，资源分配就无法与行动的初衷相适应。这不仅会胁迫下属勉强行事，更会破坏业务部门的成就感，以及他们对自己工作的自豪感。

面对机遇，不够敏感

本节中，我们将对"出人意料"这一概念展开进一步分析。东日本大地震爆发后，"出人意料"这四个字似乎变成了一句流

---

1 经团联，全称"日本经济团体联合会"，是日本重要的经济团体之一。东芝公司历任社长均在经团联担任重要职位。——译者注

行语，随处都在使用。"海啸的浪潮出人意料地高""在核电项目中，万万不可出现'出人意料'的情况"等。近来还流行这样一句话："目前，日元贬值的势头出人意料。"

"出人意料"这四个字如此频繁地出现在媒体上，但如果静下心来思考这个词究竟都应用在哪些场合之中，就会发现似乎哪里不太对劲儿。原来如此！凡是出现"出人意料"这个词，往往表示的是情况不好。然而，大家都忽略了一点，如果我们把"意料"置于对称中心，姑且不论其两侧是否严格服从正态分布，一定会有情况好的一面发生。而这究竟又是怎样一种情形呢？（图2.2）

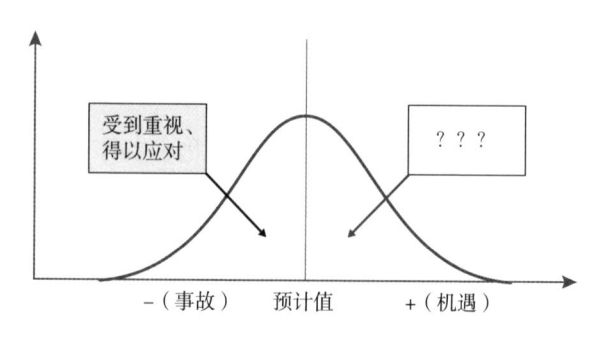

图2.2 "出人意料"之事的概率分布图

放眼各家成功的初创企业，没有任何一家不曾遇到过意料之外的情况。几乎所有企业，都深受各类意想不到的问题的困扰，但他们反而充分利用了这些意想不到的机遇。这其中既有与新人的邂逅，也有其他各种契机。

诚然，一方面，如何应对意料之外的事故是企业发展的重要一环，但另一方面，如何利用意想不到的机遇，同等重要。

但是，我们的目光常常会被"事故"所吸引。这和足球比赛有几分相似：如果后卫防守失误，被攻入一球，大家便乱作一团，防守队员受尽众人指责；然而，如果前锋进攻失误、一脚射偏，大家往往只会惋惜一句"太可惜了"，仅此而已——尽管两人同样是丢掉一分。

事实上，事故比机遇更引人注目，更宽泛地讲，就是损失比收益更引人注目，而这种倾向根植于人类本性。丹尼尔·卡尼曼教授凭借展望理论获得诺贝尔经济学奖，而这一理论恰恰论证了上述心理倾向。还有其他研究者指出，从前人类为了在野外求得生存，必须对危险和事故保持敏感，而这是人类自古以来就养成的习性，因而是无法摆脱的。[1]

回顾各家公司的发展史，眼睁睁看着机会溜走的前车之鉴屡见不鲜。然而，正如大家总是对后卫的防守失分耿耿于怀，却很少有人对前锋错失射门良机过多留意，现如今，错失良机的问题同样很少受到人们的重视。

例如，一家公司本年度在中国市场的销售额上涨了20%，于是欢欣雀跃之情溢于言表。殊不知，该市场整体已经上涨了50%；而放眼欧美各家竞争对手，每一家的增长率都超过了50%（这一问题，涉及展望理论中参照点的概念）。同样的道理，一家公司如果被其他公司抢走了老客户，往往会阵脚大乱；但如果失去了本能轻松招揽的新客户，往往只会用一句"可惜

1　Herbert（2010）.

了""既然已经努力争取过了，那就没办法了"这样的话敷衍了事。

兰卡斯特大学的海尔格·德拉蒙德教授发现，比起意想不到的机遇，多数组织往往对预算超出原计划的问题更加敏感。因此如果一项业务虽然出现赤字但富有机遇，公司通常会倾向于割肉止损。关于这一点，后文将引入与其相反的概念——承诺升级，并对这一概念进行深入探讨。

另外，也有论文指出，解决了问题的领导者常常广受好评，而预防了问题的领导者却常常无人问津。[1] 请读者仔细观察自己所在的公司，面对那些如空气一般，虽不起眼但至关重要的"球员"，公司是否充分意识到了他们的价值呢？很多时候，虽然故事的结局在人意料之中，但它背后的现实却充满着出人意料；尽管如此，一个组织之所以还能够像什么都没发生过一样正常运转，往往靠的正是这群不起眼的"球员"默默耕耘、任劳任怨。

人们往往会注意到那些偏离原有计划的意料之外的问题，却会忽略那些意想不到的机遇。

计划：过犹不及

多年前，卡洛斯·戈恩到访庆应义塾大学经营管理系时，恰逢我担任主持人。当时，戈恩向在场的 MBA 学生（包括毕业

---

[1] Repenning and Sterman（2001）.

生）强调了一点——切勿过分制订计划。

社会上，尤其是那些读过 MBA 课程的人，格外注重按计划行事和提前安排行事。诚然，计划充分总要胜过毫无章法，提前做好安排往往行事更加高效而顺畅，也能降低机会成本。

然而，在这个世界上，总有些事情是不能提前计划、提前安排的。明明知道有些事情不可规划、不可定量化，却依然强行制订计划，这样的计划只能算是一种揣测。

但是，正如我反复强调的那样，很多时候，组织一旦确定了一套计划，便会配以精英人才，并向其中投入宝贵的资源，以至为了维护组织的对外形象，不知不觉间便将计划奉为金科玉律。而这就是误将手段当作目的。针对个人而言也是如此：制定一套职业规划固然不无益处，但很多人一旦发现自己没能按照计划发展，便焦虑不堪；更有甚者，甚至就此将自己定义为失败者。

戈恩的那句告诫，简言之就是不要做无用之事。现如今周围环境如此多变，未来更会如此。将来会出现大量在当初制订计划之时完全预想不到的机遇。事实上，不仅环境会发生变化，未来我们也会与许多意想不到之人邂逅，甚至会受到这些人的巨大影响。戈恩的话为我们敲响了警钟：一旦错过了上述机遇，我们将承受高昂的损失。

日本艺人明石家秋刀鱼在他出演的一个电视节目中，分享了自己购买食材的经验。他说："不要去事先制订什么计划，自己的胃渴望什么、想吃什么，就去买什么。"我对此深以为然。

《剑桥高级英语学习词典》是这样解释英语中"chance"（机

遇）一词的："the force that causes things to happen without any known cause or reason for doing so."（在原因未知、动机未明的情况下，促使事情发生的一种力量。）也就是说，机遇是任何人都无法提前预知的。如果某人以"事发突然，我还没有做好心理准备（或组织上的准备）"为借口，就相当于是在说"我不需要这个机会"。

既然机遇有可能降临到任何一个人的头上，那么一个人成败的关键，无非在于他是选择拘泥于原有计划，还是因缺乏计划而畏缩不前，或者根本没有意识到机会已然来临，抑或果断抓住机会、放手一搏。

我经常引用法国化学家路易·巴斯德的一句名言："机会偏爱那些有准备的人。"这句话的核心就是"置之不顾，还是放手一搏"。后文也将提到，在事先并无计划时，一个人做出决定往往全凭直觉，而这时就要看他在平日里将自己的直觉磨炼到何种境界了。

出人意料往往会带来风险，但在实际中，我们往往无法得知制订计划究竟能否真的降低风险。如果一个人仅凭一纸计划就妄想洞察全局，而在机会来临时，却无法一把抓住，如此行事，机会成本将会非常高昂。

计划是无法"划"出机会的。

第 03 章
数据分析与机会成本

数据分析从 1.0 到 2.0

在日本国语辞典《大辞泉》里,"分析"一词被定义为:将复杂的问题分解成各个部分或属性,并理解其内部构成。

与毫无依据相比,显然基于数据可以做出更好的决策。例如,公司应该把它的资源分配到最具增长潜力的市场或业务中,以此获得高回报率。运用科学的、客观的数据分析,使那些依赖直觉、经验、胆识(有时会加入毅力),又主观、难懂的管理,变成更加透明、更容易达成共识、更容易获得认同的经营模式。

有人认为"沉迷于过去的成功而不懂数据分析的领导者和企业,无法与时俱进""如果没有进行数据可视化,战略就不具有复现性"等。

有趣的是,这件事看似简单却很难做到。我于 2009 年翻译了一本书——《管理的真相：事实、传言与胡扯》[1]，作者在书中介绍了循证医学等概念，指出应以客观的科学研究结果为依据的医学仍在沿用以前的经验（即使毫无意义）。

《日本经济新闻》于 2018 年以"循证决策"为题进行了连载。文章中毫不避讳地大赞日本经济产业研究所（RIETI）的网站内容："政府的基本方针也要求积极推进循证决策，今后，循证决策将更加重要。"那么，迄今为止日本究竟是如何进行经营、医疗或者政策制定的呢？

在此意义上，在经历了"失去的十年"（抑或二十年）之后，社会更加关注 MBA 教育，更加重视以数据或者分析为证据的经营，都是必然的。实际上，即使是现在，很多企业仍然没有分部门或是分商品独立核算的损益表，仅仅通过销售额或人数比等粗略的数据分析所有部门或间接费用的损益表，并不是基于精确的作业成本分析法（ABC 成本法）进行管理。

在管理中，仍有大量的企业未能利用"数据分析 1.0"对结果进行分析。[2] 第一章解释 3C 的部分已经提到，这是没有清楚认识自己或组织的典型案例。

近年来，随着互联网技术的进步，人工智能、物联网的热潮来袭，大数据与数据分析备受瞩目。数据分析，尤其是大数据分析的出现，让我们可以客观地解释迄今为止无法认知的或是模棱两可的事物，并对为我们指明新的方向，具有重要的意

1　Pfeffer and Sutton（2006）。

2　基于 IGPI（Industrial Growth Platform，经营共创基盘）的相关研究。

义。A/B 测试也得益于信息收集与分析工具的飞速发展。总而言之，不仅是为了当前的管理，还是为了未来的战略立案，"数据分析 2.0"的重要性逐渐凸显出来。

然而，大数据并不意味着"把数据进行分析就万事大吉了""数据越多越好"。在进行数据分析时，如果没有明确的目的和界限，往往会导致有始无终，甚至会出现完全相反的效果，这正是人们常说的过犹不及。由此产生了手段目的化和机会成本。

例如，很多企业都希望通过对成功企业的分析得到一些启示。我去各地演讲时，在问答环节，经常会遇到"成功企业的秘诀是什么？"之类的问题。

这类问题没有多少实际意义。正如前文所提到的，在对本企业的实际情况并未了解之前，就去效仿优秀企业的做法是不可取的。哈佛商学院的克莱顿·克里斯坦森教授在《创新者的窘境》一书中指出很多管理者都是病急乱投医。[1]

明明病因不明却还在到处寻找特效药，即使服用了所谓的特效药，病情也不会好转。过度依赖特效药，轻易地放弃一直以来的努力，没有完成绩效目标就斥责生产、营销等部门的员工，这才会产生真正的机会成本。

2017 年 9 月，日本选手桐生祥秀在男子 100 米比赛中，跑出 9 秒 98 的好成绩，成为日本第一个突破 10 秒的选手。然而，自日本短跑名宿伊东浩司在 1998 年的亚运会上跑出 10 秒 00 的纪录以来，日本人花了 19 年，才跨过这道速度的门槛。

---

[1] Christensen and Raynor（2000）.

作为伊东浩司的指导教练，东海大学名誉教授宫川千秋曾经表示："伊东通过坚持不懈的速度训练增强体能并反复进行肌肉力量训练，于 28 岁创下了 10 秒 00 的纪录。但是很多年轻人在身体还没有完全发育成形的情况下就一味模仿伊东进行剧烈的肌肉训练。"[1]

不考虑自身状况而盲目地模仿成功者或成功企业，不但无法达到预期目标，反而会把身体搞垮或者失去自身的优势，这是比机会成本还要得不偿失的做法。

切忌，不要把良药或成功案例作为一种知识，囫囵吞枣、照搬照抄地学习，而应在充分了解自身的基础上取长补短。

很多企业都没有做到包括 ABC 成本法在内的，以经营管理为目的的数据分析。

如果在不清楚本公司现状的情况下进行数据分析，会将分析本身变成目的，最终只会增加机会成本。

分析的三个陷阱

分析本身只是一种手段，而非目的（至少从企业经营的角度来看应当如此）。如果将分析视为目的，在输出成果时，或许会产生某些成就感。但是，由此导致的机会成本不仅包括因分析而浪费的时间与资源，最为重要的是由此落入遗漏重要事务的陷阱中。在这里，我主要强调存在于分析中的三个陷阱。

---

[1]「本命・桐生 ついに壁破る」『日本経済新聞』二〇一七年九月一〇日。

第一个陷阱，想必大家都清楚，分析时使用的数据都是曾经发生过的，而未来的数据只能通过时光机来获得。当然，关于"过去的变化趋势是预测未来的最好方式"的案例也屡见不鲜。但是，这并不意味着要盲目依赖以往的数据。在前文阐述计划时已经提到，如果盲目依赖以往的数据，那些很微小但意味着趋势变化的征兆就会被作为异常值而忽视（图 3.1）。

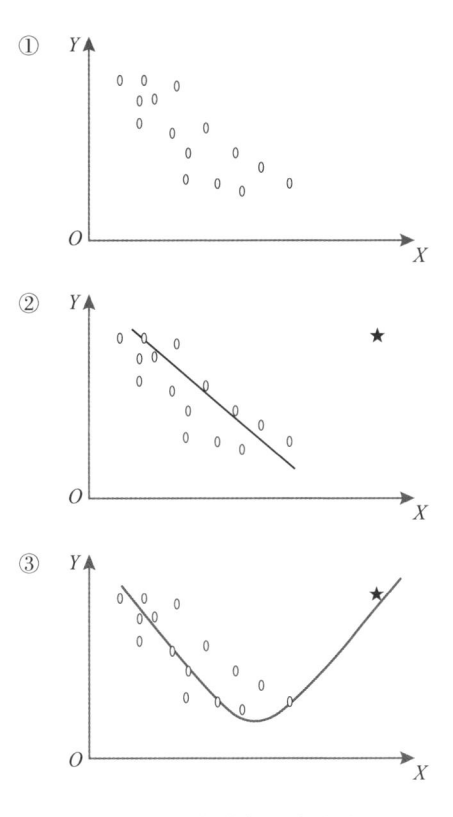

图 3.1　数据倾向与异常值处理

用上图来说明这个问题。图①表示自变量（X）和因变量（Y）之间呈负相关，即趋势是向右下方倾斜的。那么，图②的自变量（X）和因变量（Y）又如何呢？问题的关键在于，如何解释右上角的点（★）。正如第 2 章中所提到的，当假设趋势是向右下方倾斜时，右上角的点就会作为例外或异常值，而被忽略不计，或者视而不见。然而，这真的可行吗？

例如，自变量（X）与因变量（Y）之间或许并非单纯的负相关（直线关系），而是曲线关系（U 形曲线等，如图③所示）。如果固执地将负相关认为是常识、现实或是假设，那么即使是分析同一个问题，也可能导致不同的结果，甚至是错误的结果。

第二个陷阱是（客观的）数据只能通过测量得到。显然，随着数据获取方法的不断发展，曾经模棱两可、复杂的问题也可以被数据化。然而在多数情况下，用看得见的指标来替代看不见的概念（比如需求）时，必须清楚其中存在很多前提条件和误差（专业术语称为建构效度）。

另外，问卷调查也会由于诱导性问题和样本的有效性（即样本选择偏差）等原因落入各种各样的陷阱。[1]

第三个陷阱是数据越多越好。卡乐比公司前 CEO 松本晃曾

---

[1] このあたりは、清水（二〇一六）の第一部「書籍篇」の第三章をご参照ください。

经指出，以前的卡乐比以驾驶舱管理[1]之名，利用庞大的数据制订计划、进行经营，最终导致公司的利润率极低。[2]

数据化管理似乎既科学又很时髦，但是在不知不觉中把计划制订变成了目标，数据不断被积累，分析系统变得复杂且晦涩难懂。

我们都是"数据控"，很容易产生"好不容易收集到的数据""比起以月为单位的数据，以周为单位更为细化，而以日为单位则更精确"等，越多越好的想法。但是，只有收集目的明确，并被灵活运用的数据才有意义。

虽然数据分析与计划制订本身具有一定的意义，但是将其作为目的之后，在分析的过程中会产生欲望和追求精益求精的动机。如果现实并没有按照分析结果进行，就会有人指责是分析做得不够到位，然后收集更多的数据，进行进一步分析。其结果便是，产生过多的指标→不知道应该执行什么→无法执行→得出需要更加精密的分析结论……最终陷入分析的沼泽之中。

实际上，最近的研究发现，信息的数量与决策的质量并不成正比。正如"超负荷"这个词一样，到某个临界点之前二者

---

[1] 驾驶舱管理，是一种以数据为核心的企业管理模式，在企业做出决策时，集成多维度的庞大数据，形成一个类似于飞机驾驶舱的操作系统，以随时显示关键业务的数据指标以及执行情况。松本晃的前任 CEO 中田康雄倡导驾驶舱管理，但为企业带来了巨大负担。松本晃上任后，开始推行仪表盘管理，意在最大限度降低数据量，将立体的驾驶舱简化为平面的仪表盘。——译者注

[2] 「カルビーはどうやって儲かる会社に変わったか——カルビー松本晃会長ＣＥＯインタビュー（前編）」ＤＩＡＭＯＮＤハーバード・ビジネス・レビュー・オンライン、二〇一四年五月二一日（http://www.dhbr.net/articles/-/2568）。

之间还是呈正比关系，但是，当信息量过多时，人们通常无法准确识别那些信息，因此造成决策能力的下降。有研究人员指出，"简单的问题可以通过信息分析被合理解决，但是复杂的问题还是凭直觉更靠谱"。

创建了著名手机社交游戏平台 DeNA 的南场智子，在创业之前曾是麦肯锡公司的合伙人。她在《非正规经营》[1]一书中写道：

> 咨询顾问的主要工作就是收集信息。既然是工作，那就只能接受，永无止境地收集信息之后进行分析。但当我转行实业后，我才深刻地体会到：事前收集到的信息，实际非常有限。
>
> 真正重要的信息，只有当事人才接触得到。因此，做事之前如果过分地绞尽脑汁想要提高信息的准确性，那就彻底失去意义了。一旦为此错失良机，那可就是本末倒置、铸成大错了。
>
> 对于一项事业的领导者来说，做出正确选择固然重要，但将做出的选择变成正确的选择同样重要，甚至更重要。无论是做出决定的一瞬间，还是在真正实施的过程中，作为一名领导者，最需要的就是胆识。咨询工作并不能让一个人的胆识得到充分训练。

---

[1] 南場（二〇一三）二〇四～二〇五ページ。

据说卡乐比公司对于那些不确定是否正确的政策，要进行三年的规划和一个季度的总结，并且这种总结还会一直坚持下去。刚开始的时候，公司每位员工都会质疑"把时间用在做其他事情上不是更好吗？"但当这种习惯成为公司文化的一部分之后，不仅听不到这种质疑的声音了，而且连质疑的念头也逐渐消失了。

最后请读者不要忘记，大数据给出的结论只是相关关系，而不是因果关系。在很多报告里，这两个概念都被混淆了，数量多到有时甚至让我怀疑是不是报告人故意这样做的。

数据分析的三个陷阱

- 忘记的数据都只是过去的结果，一味追求延续过去的趋势，对离群值视而不见。
- 忘记的数据只能从可观测量中获得，坚信眼前看到的数据就是事情的全部。
- 误以为数据越多越好，沉浸在收集数据、分析数据之中不能自拔。

数据分析的客观局限性

数据分析还有另一个局限（同时也是前提），那就是数据分析是客观的。虽然这属于积极要素，但反过来也就意味着基于客观的分析等同于无论哪家企业都会得到相同的结论。因此，虽然不进行数据分析多半会输给竞争对手，但即使进行了数据分析，能不能就此和对手拉开距离，也是个未知数。

在第 1 章里我们提到过的哈佛商学院的辛西娅·蒙哥马利教授对此也做出了相同的评论[1]：

> 大约从 25 年前开始，战略作为一种分析性的解决问题的方式，被看作左脑型的工作。正是基于这种观点，或者是出于战略能变成金钱的观点，取得了 MBA 学位的人和战略咨询顾问才作为一类专家而出现。他们用框架和技术武装自己，指挥开展行业分析、制定优胜战略，成为管理者的左膀右臂。
>
> 战略，如今已经严重偏离了全局目标，被肢解成了竞争游戏中的小设计。

更何况，如今 MBA 早已成为行业标配。1989 年，《哈佛商业评论》刊登了一篇文章——《战略意图》，文中也指出："随着战略受到广泛关注，它也失去了活力。"[2]

> 掌握市场细分、价值链、基准化分析、战略群组、移动壁垒这些概念之后，多数管理人员都能熟练地绘制产业地图了。然而正当这群人埋头苦"绘"时，他们的竞争对手早已开始改天换地了。

1　Montgomery（2008）.
2　Hamel and Prahalad（1989）.

下面要讲的内容可能有些离题。1987年，正当日本制造业横扫全球时，一桥大学的名誉教授野中郁次郎在《哈佛商业评论》上发表文章，指出："和美国管理人员相比，日本管理人员对大规模的市场调研依赖度较低。其高层和中层人员到达管理现场后，仅仅凭借少量的定性数据，就按照直觉加以判断。"[1]

这一过程，正是明茨伯格教授提出的战略思考，即管理者充分运用之前积累的经验和自己的思考，产生新的理解的整合过程。

如此看来，日本企业缺乏生机的原因并非迈克尔·波特所提出的缺乏战略[2]，而是将战略规划和战略思考混为一谈，我对后面这种观点表示强烈赞同（当然也可能会有各种其他的原因）。

我们引进了美国式管理、MBA、战略咨询等分析型管理模式，却丢掉了基于战略思考进行整合的初衷；我们沉浸于过去（的荣耀），却不去思考未来（的风险与可能）。

"数据分析是客观的"这一大前提，为管理决策提供了支持。因为数据是这样显示的，所以可以做出前人从未做出过的决定；同时一旦决策失误，也可以找类似"数据明明就是这样显示的，所以失败也在所难免"这样的借口。（这里将数据换成咨询顾问也一样成立。）

不知不觉间，很多组织都呈现出"数据等同于决策"这样的风气：数据这样显示所以就要这样做，没有相关数据风险就

---

[1] Johansson and Nonaka（1987）.

[2] Porter（1996）.

非常高。虽然数据分析非常重要，但是数据分析也要受到惯性和可观测性的制约。仅仅依靠分析就妄想做出（表明公司特色的）决策，就好比仅仅盯着后视镜就能把车开走一样。

仔细想来，很多管理人员也好、员工也好，都在为了找借口、找退路、自圆其说而疲于奔命。一方面（应该）是为了保住自己的饭碗，另一方面则是受到股市（准确地说是分析师）催业绩的压力（这种压力是从总经理开始自上而下逐级传递的）。人们背负着各种各样的压力，无意之中自己的行动准则就从"我想做什么"变成了"怎样做才最不可能被责骂""怎样做才最方便自圆其说"。大家为了找借口而花费了大量精力去做电子表格和幻灯片，真正重要的战略制定就只好变成了加长版的借口。在这种情况下大家所讲的战略就不再是真正意义上的战略了，所进行的各种分析也变成了故意制造的机会成本。

企业管理所做的判断，在很大程度上带有赌博的性质。《商业周刊》在一期悼念彼得·德鲁克的专刊里，再次引用了他的观点："每个决定都要冒风险：决策就是把当下的资源奉献给未知且未定的明天。"[1] 里库路特公司的前成员仓田学有一句一针见血的总结："市场调研分析过去的数据，那就是数学；市场营销考虑人们未来的心情，那就是语文。"[2]

我反复强调，不冒风险的战略结果既不会有特色，也不会有回报。如果这个世界上存在无须自损八百也能杀敌一千的好

---

1 *Business Week*, Nov. 28, 2005.
2 くらた（二〇〇六）。

事，人们早就先试为快了。也不知道那样的好事究竟是幻想，还是转瞬即逝的狂热。数据分析尽管有助于决策，却绝不可能代替决策。

一个领导者嘴里喊着战略要有特色，下属一旦提出全新的方案，却要质问他"别的公司做过吗""没有先例的话，万一失败了，这个责任你担得起吗"，这样的领导者没有资格谈"战略"二字。

数据分析尽管有助于做出决策，却绝不可能代替决策。

分析，催生悲观情绪；乐观，助力战略实施

在此，我希望与大家再次明确分析和战略的不同之处。

明茨伯格教授强调，制定战略所必需的战略思考与拟定计划（战略规划）以及数据分析看似相同，实则不同。战略思考的本质是管理者充分运用之前积累下的经验和自己的思考，从而产生新的领悟的整合过程。通过战略思考形成战略之后全身心投入其中，通过实施战略了解新的信息，从而进一步优化战略这个持续的过程，正是我们所说的战略经营。[1]

此外，明茨伯格教授指出还有两件事非常重要。第一点，事业负责人必须全身心投入战略制定当中。第二点，也是经常被大家忽略的一点，正如我反复强调的，如果领导层沉溺于死板而又教条的分析过程，那么他绝不可能制定出有实际意义的

1　Mintzberg（1994）.

战略。

实际上，这一点与前文引用过的辛西娅·蒙哥马利教授的观点有非常相似之处。在她的论文中，有一张简明易懂的比较表（表3.1）。

表3.1 对战略的误解

	经常听到的观点：战略等于解决问题	被忽视了的观点：战略是个动态过程
企业目标	保持长期而持久的领先优势	创造价值
制定战略的领导层	CEO及咨询顾问	CEO自己就是战略制定者；拒绝决策外包
战略的形式	基于左脑的分析，计划不容更改	融合最新消息，是一个有机的过程，持续优化
时间维度	短期集中制定战略，之后维持相对长期的运行模式	每天反复制定和实施战略，永不止步
基本方针	长期坚守现有战略	长期扩大领先优势，实现企业发展

资料来源：Montgomery（2008）。

直觉、经验、胆识和情感，都是人类难以割舍的一部分，不只有弊更有利。仔细想来，直觉并不一定就是糟粕：我们常常把创业家身上敏锐的判断力归为第六感。大前研一所著的《企业参谋》一书中，开篇所讲的第一个要点就是人类大脑的非线性整合能力；哥伦比亚大学商学院的希娜·艾扬格教授也十分重视基于现有信息的直觉。

众所周知，乐观是一种意志力。阿兰的《幸福散论》告诉读者悲观是一种情绪，但在管理的世界里，我们要把这条结论改写成悲观是分析的结果。究其原因，市场也好、竞争力也好、战略也好，是不存在"绝对"这个概念的，因为风险是无处不在的。分析得越深入，越能看清风险要素；分析得越深入，越容易产生"这可如何是好"一类的悲观情绪。

如果哪个领域没有风险，其他公司早就抢先开发了。弗兰克·奈特有句名言：为了获取利益，尤其是中长期的利益，不冒风险是绝不可能的。当然，只拿好处不担风险这种后发制人的好事也存在，但前提是已经有人做了先发之人。如果没有第一个吃螃蟹的人，后面的人岂不是都要被饿死？

如果说分析的过程让各种风险原形毕露，那么（乐观的）意志就是迎战风险、无坚不摧的气概和献身精神。如果尚未拥有这种意志就开始分析局势，就不会诞生"不入虎穴，焉得虎子"这种大智大勇。

从这个角度讲，在进行管理的过程中（乐观的）意志是必不可少的。面对未知的未来，如果没有反复锤炼自己的价值观和经验过后敢于相信直觉的气魄，如果没有决断已定、无坚不摧的毅力，即使做过了千百次局势分析，也不可能从战略层面为全局目标做出"富贵险中求"的决定。

英特尔公司前 CEO 安迪·格鲁夫有一句名言：深挖数据之后便要相信勇气的力量。分析无疑是重要的一环，但很多人都在用"没有相关数据，所以无法做出判断"或者"都是数据的错"这类借口掩饰自己意志的薄弱。互联网的出现，消除了数字鸿沟，因此没有任何一个时代像今天一样，需要更多的直觉、经验和胆识，去直面难以预测的未来。

我认为，只有拥有了直觉、经验和胆识，以及谨慎的心态作为这三者的基础，才能继续进行分析。我曾经在某个地方听到过这样一句话："像科学家一样做区分，像手艺人一样做选择。"最大限度地发挥分析的力量，和名正言顺地弘扬直觉、经验和胆识，两者并不矛盾。

关于直觉的重要意义，我已经在《领导的标准》一书里用一章的篇幅进行了讨论，故而在此仅展示"直觉（第六感）和臆断的区别"这幅图（图3.2）。第六感令人不可小觑的地方在于，人们在求生时会对死亡有近乎发狂的恐惧，面对哪怕只有一丝一毫的异样也极为谨慎小心，这时从脑海里闪现出来的就是第六感。

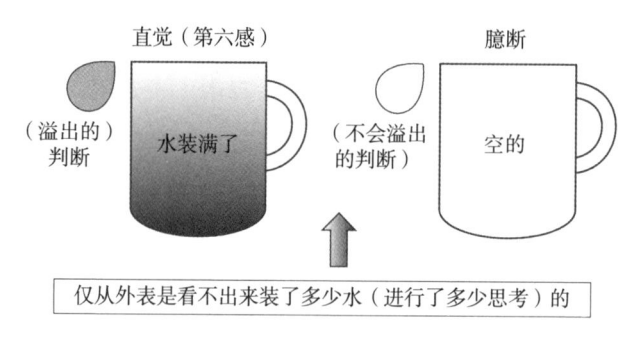

图3.2 直觉（第六感）和臆断的区别

资料来源：清水（2017），第95页。

如果出于直觉、经验和胆识制定的战略进行得并不顺利，那么原因无非有二：第一，战略本身徒有直觉、经验和胆识之外表，而缺乏直觉、经验、胆识之内核；第二，执行决策的人由于自身见识浅薄（见识也是直觉、经验和胆识的一部分），所以拘泥于分析和数据，缺乏决策者灵光乍现时那种全身心投入的精神。

当断不断之时，就是机会成本最高时。不做决断，就只能维持现状，一成不变，也就无法抓住机会，甚至无法应对正在逼近的危机局面。只有经过深思熟虑，才能不断磨炼自己的直觉，进而敢于相信自己的直觉，这正是前文南场智子提及的胆识的内涵。

分析让各种风险现出原形，迎战风险、无坚不摧的气概和献身精神就是战略的根基——（乐观的）意志。

千百次的局势分析，也催生不出"不入虎穴，焉得虎子"的战略决策。

数据分析的真正价值

既然数据本身只能反映过去，数据分析又只能衡量那些可观测量，那么"数据分析2.0"在拟定和实施战略的过程中，究竟有什么价值？

我想再次强调，拟定战略计划的过程需要基于很多假设。从这层意义上讲，产出、销售额、市场份额和利润充其量只是一个大致目标。尽管如此，如果能向包括公司员工、客户、股东在内的公司利益相关者阐明大致目标，那么不仅能够在公司发展方向孰优孰劣的问题上促进彼此之间的交流，还能激发大家关于公司战略的探讨。

更重要的还有两点。

第一，所谓战略，毕竟只是经营者直觉的整合，直觉在其中扮演了重要的角色，而数据分析则能够有效地检验其中是否存在漏洞。实际上，人类是一种很难战胜成见和偏见的动物。经验越丰富的经营者，就越容易被曾经的成功经验所束缚，越难迸发出新的想法，进而在不经意间被偏见侵蚀了头脑。

总之，经营者会经常以为自己做出了最佳判断、以为自己仔细审视了数据，而对与自己意见相左的数据视而不见，把它们归为个例排除在外。

纵观历史，即使是那些获得了诺贝尔奖的科学家，脑中的想法也经常只是灵光乍现，或者是在错误之中偶然产生的。但是，产生新想法之后，一定要用数据去验证。在那些诺贝尔奖级的发现背后，其实有成千上万（乃至更多）的"灵光"被之后的检验过程判了死刑。借用动物行为学家日高敏隆的话，"科学就是将主观想法变为客观事实的过程"。

明茨伯格教授认为，战略官的职责是进行客观的数据分析，并且列举出备选方案。制定战略的管理者常被业务负责人催进度、催业绩，因此没有时间深思熟虑，于是不知不觉间就被已有经验牵着鼻子走。而战略官真正的职责，则是汇集那些并不具备历史延续性的信息，提供前所未有的备选方案，从而激励大家在做出决策时拒绝墨守成规。战略官必须在客观数据的基础上，抛出棘手的问题，对到目前为止所采用的假设的合理性提出质疑，给决策者带来思维上的冲击。

第二，在数据分析和制订战略计划的过程中，要抓住重要变量。常用的方法为情景规划，即在分析和计划的过程中，剥离出可能对最终业绩产生巨大影响的不确定性因素，在面对顾客需求变动、技术更新、将要涉足的新兴国家的政策变化等重要变量时，不再将其作为过去的延续加以预测，而是假设这些变量即将产生巨大波动，综合模拟最不利和最有利的情景。

诚然，上述情景几乎不可能真实发生，但通过这种假想的方式，将自己置身于突破常态的情境之中，则能找到自己思维的局限，做足准备，以更加灵活的方式应对未来。这正所谓"谋略为下，谋事为上"。

数据分析的真正价值：

- **对直觉进行客观验证（以及对经营者的启迪）。**
- **剥离出重要的经营变量及其影响。**

从失败中吸取教训与机会成本

约二十年前，畑村洋太郎教授出版了《失败学》一书。书中指出，在商业界的每个角落，从失败中吸取教训都至关重要。毕竟人不可能百分之百准确地预测未来，因此失败在所难免。本田汽车有过一句名言："不出手，自然不出错。"尽管现如今已经很少能听到这句话了，但是其中的内涵依然焕发着生机。

不会有人否定仔细分析、积累、共享失败经验的重要意义，大家也都明白从失败中吸取教训很重要，然而现实中大家却都是只说不做。我的朋友、哥伦比亚大学商学院的丽塔·麦格拉思教授曾经在《哈佛商业评论》中发表过这样一段评论[1]：

> 如果你能找来自己公司的某位管理人员，询问他从失败中吸收了多少有效经验教训，按照一分到十分的标准能给自己打几分，他会支支吾吾地回答你："两分，不，三分吧！"
>
> 管理人员对自己的失误闭口不谈，将失误伪装成原计划当中的一部分。他们对失败必须三缄其口，由于过度担心妨碍升迁，逐渐变得不愿意为此承担风险。

之所以不能从失败中吸取教训，甚至明明清楚自己已经跌倒了却无法爬起重来，主要是因为错把计划当成了目的，误以为计划就是金科玉律、不可更改，只要一提"失败"二字，组织里的空气就会凝固，每个人都是低着头，什么都不说，什么也不能说。

我在美国撰写博士论文时，原本的主题是"企业在重要战略决策上遭遇失败时应当如何应对"，但后来将这一表述换成了"企业应当如何变更重要战略决策"，并且对其进行了调研。在论文的终稿里，我不仅进行了定性分析，同时针对企业收购案中在被收购企业运营不畅的情况下，何时何故将其出售的问题，调用了大量数据进行分析。

针对决策失败，学者、咨询师提出了多种应对方案。例如，麦格拉思教授提出了如下七项原则（详细内容参阅其

---

[1] McGrath（2011）.

论文)。

①在项目实施前,定义好成功和失败(的情形);

②把假设变成知识;

③提前失败;

④低成本的失败,及时止损;

⑤尽可能减少不确定因素(在不了解的领域失败后很难吸取到教训);

⑥培育倡导理性失败的文化;

⑦将学到的内容变为显性知识[1]并且分享给他人。

这七项原则的确具备参考价值,但很难让人产生"原来如此,如此照做便好"的醍醐灌顶之感。现实情况是,大家懂得做却做不到。畑村教授在书中举了很多例子,如人们在建立失败数据库后却不去使用。

那么我们应该怎么做?

例如,日本企业在海外并购时,投入了巨额资金却带来了巨额赤字,不得已只能以买入价格的几分之一再次卖出,这样的失败案例比比皆是。[2]

鉴于企业已经为自己的失败支付了学费(这一成本不仅限

---

[1] 显性知识,由迈克尔·波兰尼提出。他认为人类的知识分为两种:显性知识,即以书面文字、图表和数学公式等形式加以表述的知识;隐性知识,指在行动中所获得的知识。——译者注

[2] 这类案例在日本企业中尤其普遍,在欧美企业中也很常见,例如戴姆勒收购克莱斯勒(1998年收购后,后者于2007年被再次出售)、时代华纳合并美国在线(2000年合并后,后者于2009年再次独立)。此类案例为我热衷的课题之一,具体可参考我2007年发表的论文《前景理论,行为理论与威胁-僵化命题:对组织决定放弃已收购部门的组合式影响》。

于金钱，还包括管理集团的时间，以及因深陷并购泥潭而耽误的其他重要事项），如果企业没有从中学到任何经验，那就太可惜了。甚至可以说，学不到经验就等同于巨大的机会成本。因此，企业必须弄清失败的原因，将其运用到未来的决策过程中，保证绝不会在同一个地方跌倒第二次。

然而，现实情况却是不从失败中吸取教训（或者吸取不到教训）的企业和组织数不胜数。我常在课堂上和企业培训中引用哈佛商学院艾米·埃德蒙森教授讲述的一个案例——"挑战者号"发射决策的团体进程。

美国国家航空航天局（NASA）在1986年"挑战者号"发射失败后，本应进行彻底改革。然而在2003年，"哥伦比亚号"在从太空返航过程中又发生了爆炸。对此，美国总统咨询委员会严厉指责NASA"没有从1986年'挑战者号'的悲剧当中吸取一丝一毫的教训"。

即使不讨论航空事故，每隔几年我们也总能看到有企业因负面新闻缠身，而成为新闻焦点。大家明知企业并购风险颇高，却依然有大量企业蜂拥而入，最终大多数都以失败告终。

之所以多数企业的并购难以成功，很可能是因为从失败中吸取教训就和点石成金一样，能够成功固然皆大欢喜，但其实从根本上不可能实现：做不到的事情，再怎么投入巨资也不可能做得到。当然，这不意味着大家不应从失败中吸取教训，也并不意味着大家从此以后不要再投资；唯一的问题在于，大家把从失败中吸取教训这件事的难度和弊端看得太轻了。

从失败中吸取教训的难度，并不单纯是从企业政治角度出发不想承认失败。恰恰相反，我们应当反向思考我们真的失败了吗。已故的松下幸之助先生有一句名言："成功的要义在于，不到成功的那一刻绝不止步。"在佳能公司复印机、打印机等热销产品的背后，共更换了三位开发负责人，花了近20年的时间进行研发；近畿大学实现黑金枪鱼的完全养殖，也花了超过30年的时间。

"何时方能承认失败""何时才应就此收手"并不是简单的问题。很多企业借着结构重组的名义，将过去失败的遗产连同未来的前景一并归入赤字当中，全盘舍弃。

现实中彻头彻尾的失败固然存在，但索尼对哥伦比亚影业的收购则并非如此。从1989年收购完成到现在，已经过去了整整30年。尽管这一举措一直被《华尔街日报》质疑"什么时候会再次售出"，并一直将其评价为败笔，但这场收购究竟是不是一场败局，至今依然众说纷纭。

虽然单从收购的金额上看，索尼的确耗资过高，但在收购完成后，当索尼的硬件部门出现高额赤字时，公司依靠旗下的娱乐部门（和金融部门）才走到了今天。如果要问"作为收购计划的初衷，硬件和软件部门融合、实现协同增效，这一目标真的完成了吗？"答案只能是否定的。

另一个问题在于，厘清失败的原因绝非易事。大家固然可以将失败归结于领导有问题，但依然有很多公司（甚至是政党）即使更换了领导层，问题也未能得到解决。

美国连锁百货公司杰西潘尼曾以"业绩不佳的根源在于CEO"的罪名解雇了原CEO，邀请一手打造了苹果零售店的罗恩·约翰逊出任 CEO，然而却没能遏制持续下滑的业绩。最终，公司解雇了罗恩·约翰逊，并再次召回了曾经饱受诋毁的前任 CEO。除了领导者问题，行情、互联网、外汇、地缘政治等可被归为"失败原因"的问题数不胜数。

面对这种状况，即使成立了第三方委员会、耗费了巨大成本找出失败根源所在，最终结果无非也就是在三个月或者是半年之后的报告里写上几句"前任管理团队固守过去的成功经验，面对赤字部门依然批准继续投资"这种一开始大家就清楚的、无关痛痒的结论。

总而言之，从失败中吸取教训所付出的努力和投资，实际上很可能只会沦为机会成本。为了阐明失败原因所付出的时间和成本自不必说，更严重的问题在于，不断重复"失败"二字只会导致公司氛围恶化、员工士气低迷。大家像"追捕女巫"一样寻找失败的罪魁祸首，最后却自我揽责。这种风气愈演愈烈，受波及的不只有过去完成的，更有未来即将开展的项目：每个人都明哲保身，对风险避之唯恐不及。

更极端的情况是，员工为了彰显自己已经从失败中吸取了教训，于是将同类的项目全部砍掉，其中可能还会涉及进军海外和合并收购等业务。诚然，如果失败的原因只是单纯想要提高营业额或者是与其他公司业务重合，在这种情况下让公司返回原点固然重要；但放弃这一重要的转变，也可以说是进行了一次企业重组。

上述错误，正是畑村教授指出的"草率的失败观"，即"这样做了也没用""以前做过就没用，现在做了更没用"。

从失败中吸取教训是机会成本当中非常重要的一项内容。一方面，如果没有从失败中吸取丝毫教训，投资就相当于白费。但另一方面，把精力放在无用功上，又何谈公司业绩好转；挪走倾注在必要事业上的精力，所有人把重心放在躲避风险上，从失败中吸取教训又有何意义，这简直就是祸端。就像发送一封邮件时抄送给许多人，真正应该得知邮件内容的人却没收到邮件；举办一场会议时招来很多部门的员工，而真正愿意为这个项目付出心血的人却一位都没有到场。

　　就这样，员工的主人翁意识逐渐淡薄，每个人心里想的不是如何完成项目取得成果，而是全方位做好准备能够在项目失败的情况下推卸责任，这样的公司不可能正常运转。从失败中吸取教训，想要的结果并不是无路可走，目的也绝非写一份华丽精美的失败总结。

　　已经发生的事情再也无法挽回，即将到来的日子里请继续努力，想要战胜失败，便需要以这种心态轻装上阵，继续前行。

从失败中吸取教训，很有可能会演变成机会成本的一部分。

第 04 章
一致同意与机会成本

开会造成的机会成本

我们经常能够听到这样的抱怨:"要参加的会议实在是太多了""一整天的时间全都浪费在开会上了,而且讲的全都是公司内部的事情,根本无法处理客户业务",这些情况令大家十分不满。我甚至还听说过这样一件惊人的事:一家巨型银行[1]的经营计划负责人说,自己参加了整整一周的会议,"客户"这个词却一次都没有听到。

比起开会,公司里一定还有很多更重要的任务需要去完成,例如接待客户、仔细思考自己负责的部门或者商品的发展战略。如果这些工作都因为毫无意义的会议而被耽搁,造成的机会成本将会大到难以想象。所以,类似的会议一定要尽快停开;从公司整体资源分配的战略角度考虑,也必须精简会议。

---

[1] 巨型银行,日本经济学术语,特指三菱日联金融集团、瑞穗金融集团、三井住友金融集团三家银行。——译者注

那么，究竟为什么要开这么多的会？背后一定有其原因。从组织理论角度讲，我认为原因在于组织惯性过大。组织惯性，是指维持组织现状的力量。起初，举办会议、制定规则都有其特定目的；但到了后来，由于存在组织惯性，即使没有任何目的，开会作为一种成规也必须进行下去。不知道开这样的会，目的究竟是分享信息、决定事项，或者仅仅是为了做一次头脑风暴。

另一种情形是，开会本身虽然有明确目的，但是由于参会人员的思想不统一，最终也只是徒劳无功。最可笑的是，如果有哪位新员工胆敢问起"为什么要组织这次会议"，便一定会遭到上司的呵斥"这种会议年年都这么开"，或者是"先去把你自己的活干完，再跑过来问东问西"。

与上述情况相反，很多情况下大家看似清楚自己开会的目的，但其实并不清楚或者至少没有相互沟通清楚。如果这时恰巧被叫去开会，大家只好这样不明不白地去参加；如果日后又有新的开会目的，要开的会便越积越多。出于类似的原因，公司的管理细则变得越来越烦琐，规章制度也越来越复杂，而后者正是官僚主义的根本原因所在。

此外，导致会议数量增多的另一个原因是参会人数过多。可能会有读者怀疑我是不是说反了？诚然，参会人员数量和会议数量理论上应该成反比。例如，某一事项需要在全公司范围内展开讨论，如果先在各个部门内部进行一轮小范围商讨，之后在部门间再召开一次大会不如直接召集所有相关人员一起开会，问题便可一次性解决。

可惜事实并非如此。首先，参会人数越多，每个人的参与意识就越薄弱。心理学界进行过一场著名的实验：实验人员抱着一摞书走进电梯，把书掉在地上。如果当时电梯里只有两三个人，他们会马上帮忙把书捡起来；但如果有十个人，就不会有人帮忙，因为大家都在想"反正会有别人把书捡起来"。

现实生活中也有过类似的案例。纽约曼哈顿的高档住宅区街头传出一声枪响，之后有人发出阵阵惨叫声。明明大家当时就已经意识到发生了杀人案，但实际上，巡逻警车在事发30分钟之后才抵达现场。究其原因，并不是纽约警察玩忽职守，而是报案时间太迟了。每个人都想着一定会有别人去报警，但每个人都选择了袖手旁观。

"这件事可能会与他有关系，所以姑且把他也叫过来开会吧！"这种组织会议的方式，与上述的旁观者心理共同导致了恶性循环。用这种方式召集而来的参会者，又怎么会有强烈的参与意识，积极参与会议进程呢？会议组织者为了避免漏请重要人员所产生的机会成本，保险起见，不得不请遍各个部门、各个级别的职员。这种做法不仅削弱了每一位参会人员的参与意识，更无法统一大家的参会意图，结果导致会议的召开毫无成果可言。

正因如此，"那就再开一次会"的闹剧才会一而再，再而三地上演。请所有人来开会的本意是将机会成本最小化，结果却在不知不觉间造成了高昂的机会成本。自以为是、罔顾事实也是组织惯性的表现（即心理惯性）。

由于存在组织惯性，即使不存在任何目的，会议、管理细则和规章制度也不得不继续维持下去。参会人数较多时，人们的参与意识也随之变弱，导致会议时长和召开次数增加，提高了机会成本。

组织架构导致的机会成本

我虽然在美国大学本科、MBA和博士教育中主讲经营战略课程，但在庆应义塾大学经营管理系，主讲的内容则是组织管理。对于商业人士而言，在听到"组织"这个词时，脑海中首先想起的大概会是一幅组织架构图。如果是在公司内部进行培训，学员则很容易误以为我的主题是"哪种组织架构最适合本公司"。

实际上，想要理解组织架构，只需要一点常识就够了。厘清一个组织，只需要五到六个维度：功能、商品、顾客、地域、运营渠道以及其他，之后便通过矩阵将所有维度联系在一起。即使把矩阵的知识也考虑在内，组织架构这门学问所包含的内容也不过如此。如果你认为"对于我们公司，还应该再加一条组织调整"，那你可就大错特错了。

如果公司面临的问题无法通过调整分工和组织架构解决，那么问题的根源并不在于不同部门的划分，而在于划分之后如何统领各个部门，而这就是所谓的组织能力。

无论采取哪种划分形式，都势必造成部门之间的对立。上下级结构存在弊病、部门间沟通不畅，诸如此类的问题都会导致部门对外信息保密、私藏资源，继而引发行动迟缓、错失良机等严重后果。归根结底，原因就在于人都有强烈的归属意识。大家一旦被按照部门分开，之间便会产生对抗情绪。甚至有心理学研究结果表明，即便只是把人随机地划分到不同队伍中，也会形成己方和敌方的鲜明区分。

从这个角度讲，多数情况下组织调整不过是一种换汤不换药的雕虫小技，因为用不了多久，一定还需要重新调整。解决一个问题时，如果连问题本身都找错了，那么无论采取什么手段，都一定是错的。可能就连负责经营企划的员工自己都已经意识到，这种组织调整最多只能算是做做样子。他们心中甚至充满了无力感，认为与其做这种无用功，不如把时间花在其他事情上。

读者读到这里，可能会有这样的感慨，"还是保持部门间关系和睦为好""最重要的还是要互相体谅、各退一步"。关于这些想法，读者可以参考我的其他著述。[1] 但我认为，一个组织如果从一开始，各个部门之间就想着要相互妥协的话，这个组织注定不会强大。因为如果本着经费能省则省的原则进行运营和开发，那么每个部门从一开始就会知难而退、丧失斗志，最终导致所有部门都互相姑息迁就、敷衍了事，最后整个组织充斥着同病相怜的消极气氛。

所谓部门间姑息迁就，就是无法互相坦诚地提出意见，总是轻易接受别人的结论。这种风气看似降低了机会成本，实则

1　たとえば、清水（二〇一一a）。

丧失了集思广益带来的多样性。（本书后面章节也将对多样性展开讨论。）在这种氛围里，不可能有哪个部门抱着誓死完成任务的决心去工作，即使完不成任务也可以找借口说"我们已经和某部门通力配合了，只能做到这种程度了"。

如果采用这种方式进行所谓的"统领各个部门"，那只不过是像和事佬一样、找到了大家之间的最大公约数，却抛弃了每个部门独有的特点和使命。统领者总是以有别的部门反对为借口，先想着怎么才能保证大家相安无事，而忘记了最初想要达到的目标。诚然，这种做法非常现实，但会使得公司坐吃山空，最多也只能算是一种不思进取的战略（姑且不论将其称为战略是否得当）。

统领各个部门的正确方式，应当是既要坚持每个部门的局部最优战略，又要从组织的整体角度出发，重新审视各部门的优势，通过统领、协调各个部门，从而将优势尽可能地无限放大。

那些不存在部门间对立关系的组织，表面上看起来开会时间短、机会成本低，但实际上缺乏集思广益的讨论热情，因此无法从局部最优拓展为整体最优，组织结构极其脆弱。

矩阵式管理的本质

当部门间意见不统一、产生利害冲突时，解决方法之一便是采用矩阵式管理模式。[1] 例如，对于发展海外业务的企业，可

---

[1] 这部分是、清水（二〇一二）を参照しました。

以任命一位员工兼任事业部部长和地区部门主管。如此一来，他可以同时听取事业部的意见和地区部门的意见，从而有利于协调。这也就是常说的横向协同。

但是要注意一点，有利于协调并不等同于迅速完成协调。有利于协调的意思是：通过这位兼任的员工，事业部和地区部门可以同时明确各自的主张，也就是阐明分歧，实现某种程度上的针锋相对。因为如果不明确冲突所在，就无法实现协调。

矩阵化管理的本质，正是将人们想隐藏起来的、想要避免的冲突摆到台面上来。也就是说，要让相关负责人无法逃避问题，深切感受到问题的严重性。如果不能深入理解这一本质，就无法进行矩阵化管理。

日产汽车的戈恩改革，也是运用相同的原理，组建起了著名的跨职能团队。这一行动旨在协调不同职能部门间的利益冲突，例如制造部门、营业部门和开发部门等。

然而，跨职能团队成立后，首先引发的并不是协调，而是暴露冲突。不难理解，这一冲突是不可避免的，更是不可或缺的。但有很多组织因为发生团体迷思[1]或者遭遇多方阻挠而选择回避冲突；也会有经营者一见到冲突愈演愈烈，顿时心生疑虑，甚至打起了退堂鼓。

所以说，跨职能团队并不是万能的，尤其是针对那些人情世故过于复杂的组织。因为他们更希望能够回避正面冲突，结

---

[1] 团体迷思是心理学现象，指团体在决策过程中由于成员倾向让自己的观点与团体保持一致，因而令整个团体缺乏不同的思考角度，不能进行客观分析。——译者注

果导致任何决策都无法实行，达不到预期效果；同时却又不知道其中的原因所在，整个组织最后只会日渐衰败。

面对这种情况，该如何去调整呢？

例如，在事业部部长和地区部门主管发生意见冲突时，如果能有一位更高层的领导（如事业部总部长、业务董事甚至公司总裁）最终拍板，那么这场冲突很容易就能化解。但通常情况下，高层领导并没有太多时间听取各方面的意见，也无法设身处地地体会他们的心声。

如此一来，为了防止冲突恶化，事业部总部长在做出最终决定前，一定会委托职能部门到各个业务部门收集信息，帮助他做出决策。但这种委托却会造成连锁式的影响：事业部总部长原本对冲突情况一无所知，所以他越是想要做出正确的决定，就越需要了解具体的相关信息，因而提供这些信息的职能部门在公司内部的地位也就越高，"幻灯片做得好，管理才是真的好"之类的错误观念也就越来越盛行。最常见的后果就是企业决策迟缓、总公司运营成本增加、业绩下滑、矩阵式管理失效，最后只能一次又一次地进行组织调整。

针对这一问题，最直截了当的解决方案是召集相关部门的领导集中讨论，再进行协调部署。召开这种会议要求每个人都必须直言不讳，所以需要耗费大量的时间和精力。然而，为了能够最终实现协调配合，这种开诚布公的讨论是必不可少的。如果大家只把这种劳心费神的讨论当作无用功，也就是机会成本，那这个组织就真的无药可救了。

最后，我们必须明确在协调利益冲突时需要遵循的标准，这涉及企业的理想、理念和价值观。组织成员经常因立场不同而意见相左，这正是矩阵式管理的优势所在。这种管理模式之所以能够化解矛盾和冲突，正是因为企业的理想和理念已经深入人心。

戈恩率领日产汽车成功实行改革的秘诀就在于直面冲突、永不妥协。也可以说，正是因为充分利用了冲突，企业的理想、理念和价值观才得以深化和传播。

ABB 公司在欧洲起家，如今业务遍布全球 100 多个国家，员工超过 12.4 万人，成为电气和自动化行业的领军者，其高层和中层管理者也付出了大量心血来解决内部意见冲突。ABB 公司赋予各部门领导者极大权限，允许他们自行商议、协调配合，充分利用矩阵式管理带来的信息多样性并迅速做出决策，从而实现公司整体最优。

当然，这需要员工敢于向领导者提出自己的想法。我们经常能在管理类教科书中看到这样的案例：一家大公司，总部规模却很小。这既需要努力建设矩阵式管理模式，也离不开相应的人才。

矩阵式管理的本质是暴露冲突。实现矩阵式管理，需要下定决心面对冲突、付出努力化解冲突，培养人才应对冲突。

对无异议和有效率的误解

提到开会，就不得不提"碰头会"。会前碰头虽然也和开会目的有关，但并不符合开会的初衷。例如，经营会议和执行会议这样的重要会议，开会的初衷原本是针对某一经营课题互相交换意见、把握发展方向，会风严肃而务实。

然而，一旦会议主办方在会前和每位董事都碰过了头，并且达成了共识，那么之后的会议就成了形式，因为大家早就已经仔细研究了会议内容。为了这场讨论，说不定还会把这群领着厚禄的领导请来，大家一起远离公司、游山玩水，一边打着高尔夫，一边就把事情决定了。这种行为已经不能简单归为机会成本了，这简直就是损失。

如此说来，究竟为何"碰头会"变成了一股不正之风？

一言以蔽之，如果事先不碰头就在会上展开讨论，各部门之间、业务董事之间往往众口难调，最后会场就会乱成一锅粥。所以为了提高开会效率，必须事先碰头。

虽说不暴露冲突就无法解决冲突，但依我看，如今在日本，靠回避冲突、息事宁人才能勉强维持的公司不在少数，其根源在于公司将营造和谐氛围、维护团队合作与竭力避免产生分歧混为一谈。他们打着"必要之恶"的旗号，对问题的本质视而不见，不知不觉间便提高了机会成本。

下面进一步分析这一问题。时至今日，我们依然能在英国《经济学人》等杂志上读到这样的论点：日本企业之所以效率低下，是因为在做决策前必须要达成一致。我认为，这句话只说对了一半，效率低下的原因并不仅仅在于经一致同意后才能做出决策，而在于并不清楚在哪一刻之前必须做出决策。

员工也好、指挥员工的领导者也好，不仅要清楚何事必须做决断，更要清楚何时必须做决断。大家切记，千万不能不假思索就随意接受"日本企业喜欢取得一致同意，所以才效率低下"这样的观点，更不能自甘沉沦，认为日本企业失败也是理所当然的。在"因草率做出决定而失败"和"因犹豫不决而失败"这两者之间，我发现日本人总是倾向于把前者冠以"求快不求好"的恶名，对其格外忌惮。

虽说也不尽然，但如果将"因草率做出决定而失败"与"因犹豫不决而失败"相比，在前一种情况下，做出决定之后也还有改正和返工的可能，所以最能给人以成功的希望。此外大家也不要忘记夜长梦多的道理：拖得越久问题就越复杂，可采取的手段也就越少。

但是，从日本企业到日本国民，为了能够（一次性）达到卓越，都强烈反对在条件不成熟的情况下贸然向前推进。

另外，在《选择卓越》一书中，作者将在某一行业中股价上行、股指上涨超过十倍的企业称为十倍速企业，并且揭示了这类企业和其他企业的不同之处。作者特别强调，无论在何种情况下，十倍速企业都不会迅速采取行动。

总而言之，大家应当明白一点：有时过早采取行动的风险很高，但有时过晚采取行动，风险也会很高。在真正采取行动前，最重要的是分析清楚留给自己的时间还有多少，并且最大限度地利用这段时间。

甚至还有更极端的例子：如果从全局角度考虑慢工出细活是最优策略，那么即便要为此付出代价，也应当选择多花时间。我反复强调过，机会成本绝不是一个放之四海而皆准的概念，需要具体情况具体分析。

诚然，某事悬而未决属于不确定的状态，所以总会让人感到不踏实。京都大学名誉教授中西辉政在他的著作《洞察本质的思维方式》中也提出了相同的观点，例如"人们经常迫不及待地想要知道答案，因而草率地做出了错误决定""正是在烦恼、迷惘、摸索、尝试的过程当中，人们才学会了如何更加深入地思考"。

在这里提醒日本的管理者，不应随心所欲地将所有错误都怪罪于一致同意和日本式管理模式，而应该把心思更多地放在把握合适时机、何时必须做决断等更深刻的问题上。在时间允许的情况下，最好仔细思考眼下的事情为什么半路夭折，之后寻找更好的决策。

组织决策迟缓，究其原因并不在于决策前需要取得一致同意，而在于不清楚何时必须做出决策，对机遇的到来麻木不仁。

广岛队投手和外场手的争执平息了吗

2017年9月19日，广岛东洋鲤鱼队（简称广岛队）夺得中央联盟（日本职业棒球联盟）两连冠之后的第二天，《日刊体育》刊登了一篇报道——《投手与外场手起内讧：广岛队成功化解危机，过人之处在于？》的报道。广岛队的夺冠之路绝非一帆风顺：5月6日在与阪神队的对决中，广岛队在领先9分的优势下被对手实现惊天大逆转，上演了"甲子园的悲剧"。那场惨败比赛结果之后，广岛队的投手和外场手开始互相指责，可以说将整支队伍推向了分崩离析的边缘。

（甲子园的悲剧落幕几天后）选手开始行动起来。中外场手作为中间人，投手和外场手走向彼此开始对话，气氛十分凝重。但是仅仅依靠这样的对话，是不可能修复队里的伤痕的。外场手一方的势力很强大，球队进入漫长的低迷期，一直沉浸在投手和外场手不合的氛围当中。为了能够使双方相互谅解，队员没有针锋相对，而是选择了敞开心扉。

"去年为什么能够取得胜利？获胜的要素是什么？"队员一边重新明确共同的目标，一边将球队慢慢带回正轨。

正是借助这样的疗法，广岛队从 8 月 "横滨的噩梦"[1] 中醒来。从春季集训开始，队里最年长的新井选手热心邀请年轻的队员一同进餐，向他们讲述团结一致的重要性。在球队打完第一场比赛之后，新井感受到了变化。今村猛最先接受了野村祐辅，他们互相说着抱歉，请求对方的宽恕。随后，年轻的中村祐太也走上前去。就这样，外场手聚到了一起，我感到这是个好的开始，也许这就是黑田前辈留给我们的遗产吧。从前黑田最重视球队的团结，而他的精神传承至今，将整支队伍重新凝聚在一起。

正如现代管理理论之父切斯特·巴纳德所言，组织的意义

---

[1] "横滨的噩梦"，2017 年 8 月 22 日，广岛东洋鲤鱼队对阵横滨 DeNA 海洋之星队，广岛队完败。——译者注

就在于完成个体完成不了的事业。[1]组织规模增大，势必产生分工，划分出不同部门。一旦分工不同、部门不同，每个人的使命也就不尽相同。就连一支只有九个人的棒球队，内部也会因司职不同而互相对立。这时，或是出于对其他岗位同事的反感，或是出于对其他部门偷奸耍滑的不满，不管出于什么样的动机，每个人心中都充满干劲儿，竭尽全力想要把自己的本职工作做好。前文提到"不存在内部冲突的组织，一定是一个脆弱的组织"，说的就是这个道理。

但还有另一种精神不可或缺，自不必说，那就是协作。想必对于这一点，不会有人提出异议。但如果问起何时、以何种方式协作才能达到良好效果，想必大家都不甚清楚。一定有读者感到疑惑：协作和妥协究竟有什么不同？

诚然，从组织总的目的、理念和使命出发，我们可以说大家通力协作理所应当。但是正如我反复强调过的，组织内部明确分工、划分部门之后，各个部门都为完成组织整体目标着想，经常会各抒己见、互不相让。"只要明确了共同目标，就能自动实现整体最优化"的想法并不成熟，而且脱离实际。拥有共同目标只是必要条件，但不是充分条件。

那么我们应该怎么做？在现实生活中，具体办法因组织而异；但有一点相通的地方，那就是要敢于向其他同事、其他部门承认自己有力所不能及之处，比如可以说一声"能帮我个忙吗"。前面广岛队的故事也是如此，能够说出道歉的话，也是在

---

[1] Barnard（1971）.

主动示弱。

诚然，在一个组织里，工作能力强、素质优秀的人总能得到更高的期待，并受人赏识。在这种大环境下，大家为了获得赏识、升职加薪，都希望尽可能隐藏自己的不足。甚至还有很多人奋发图强，深夜补课，以弥补自己的弱项。

然而，一个人不可能事事都做到最好。如果说一家公司的基本战略是"将有限的资源重点分配到公司的优势产业，打造公司特色"，那么对于一个部门、一个个体而言，这个理念也同样适用。

因此，如果想利用有限的资源培育自己的特长，在组织里脱颖而出，就一定需要其他人来弥补自己的不足。我们必须承认自己能力有限，向别人求助。进一步讲，并不是只有领导者一个人需要学会示弱。组织中所有的成员都是一样，要分享的不只是自己的强项和特长，更要分享自己的弱项和不足。大家互相补齐短板，才能充分发挥组织的凝聚力。

在现实生活中，地位越高的人，往往越难开口向别人求助。我在学术会议上遇见过一位来自西北大学的教授。（西北大学的管理学院以凯洛格的名字命名，以纪念该公司对学院提供过巨额捐赠。）这位教授讲道："所以高层管理教育项目的第一课，就是练习向别人说'请帮我一个忙'。"这个观点乍一听令人费解，仔细想来，却又让人深感此言不虚。

展示自己的弱点，首先需要"即使其他同事发现了我的弱点，也不会嘲笑我、看不起我，而是会帮助我"的健康的组织氛围。[1]也就是说，承认自己的不足并不是损失，而是使其他人、其他部门有伸出援手的机会。

此外，展示自己的弱点也需要不怕说错话、敢于提出反对意见的勇气。因为所有人都明白，即使你讲错了什么，只要你能够坦然地承认，就不会有任何问题。

其实，在组织里寻求帮助，根本不会被人轻视，反而会让帮助你的人乐于伸出援手，以自己能够为组织做出贡献而感到骄傲，进而逐渐巩固人与人之间的合作关系和信赖感。

DeNA公司的创始人南场智子，曾经莅临庆应义塾大学经营管理系，讨论"年轻领导者带领年长资深员工"的话题。年轻的领导者上任伊始，满脑子想着"不能让你们小看我"，心里紧绷着一根弦，却始终进展不顺，再怎么努力也是徒劳。最终不仅自己筋疲力尽，就连整个团队也濒临解散，陷入进退两难的境地。

年轻的领导者束手无策，只好承认："我的能力不足，请你们来帮帮我吧！"但就是这一句话，瞬间扭转了局面。经验丰富的员工听到这句话之后内心受到震动，团结一致辅佐领导，于是就这样，一支强大的队伍浴火重生。

员工之间缺乏信任、掩饰自身缺点，根本原因在于这个组织不允许讲真话，遇到问题就隐瞒，结果导致员工缺乏通力协作、让组织越来越好的奉献精神和责任感，遇到困难不是选择团结起来克服困难，而是先考虑不要惹出乱子，再小心翼翼地前行。

---

[1] 清水（二〇一七）; Lencioni (2002) を参照。

不难理解，没有奉献精神，就不会有对极致的追求，最后组织里充斥着借口和同病相怜的气息。哪怕有员工对此感到不满，也只能黯然离开，于是恶性循环愈演愈烈。

拥有共同目标只是协作的必要条件，而不是充分条件。

一个组织里人们的相互信任，就是敢于暴露自己的弱点。

只有展现自己的不足，向别人求助，才能得到别人的帮助。

亚马逊的领导力准则带来的启示

亚马逊公司倡导每名员工皆为领导者，据此提出了14条基本行动准则，用以推行领导者即员工的理念。[1] 其中有一条准则，题为"直抒己见，勇敢说不，全力以赴"。从下面这段话中，可以看出杰夫·贝佐斯字里行间的深意：

> 领导者有义务挑战他们不认同的决定，即使这样做是不舒服的或令人疲惫的。领导者应有信念、有韧性。他们不会为了一团和气而委曲求全，一旦下定决心，他们就会全身心投入。

亚马逊的员工，不懂得察言观色，也不担心产生摩擦、制造麻烦。只要遇到不能接受的决定，就一定要争论到底。但是，在各方陈述过所有意见之后，一旦最终决定依然没有改变，员工就一定会全力以赴执行这一决定。

---

1 http://www.amazon.jobs/principles.

我把这番话在领导进修课上讲过以后，经常会收到这样的回复："老师，那是亚马逊，所以员工才敢这么做。而我们日本企业讲究以和为贵，这种做法绝不可行。"

大家先不要急着回答"说得也对，那就没有办法了……"，让我们再仔细思考一下。亚马逊创始人贝佐斯是一名强有力的领导者，他把股东和分析师的意见都当作耳旁风，不顾赤字风险，发展亚马逊云服务和视频点播业务，更在2017年收购全食超市涉足线下零售和配送业务，同时在印度等海外市场全面、大力投资，取得了一系列优秀业绩。2018年，贝佐斯被《福布斯》杂志评选为全球首富。在苹果公司总裁史蒂夫·乔布斯去世后，贝佐斯可以说是全美国乃至全世界最有执行力的CEO。

有这样的CEO，其麾下自然汇聚了一批野心勃勃的管理者和员工。与日本公司的组织形态相比，美国、特别是美国西海岸的公司，其组织形态更趋于扁平化，上下级之间无须顾虑什么，每名员工都能做到直言不讳。没有这种无所畏惧的态度，便无法在公司里生存。

然而，我并不认为只有这样的公司才能做到"敢于谏言，服从大局"。哪怕是在亚马逊这样的公司，也会有不少员工整天想着"快活一天是一天""违抗了那个人，吃不了兜着走""好累啊，想说还没说的话就到此为止吧"。正因如此，亚马逊才会特地发布领导力准则，让每名员工都能够彻底领会公司的精神。

之所以推崇多样性，并不是因为一家公司只要招来了不同性别、不同种族的员工，公司业绩就会自动提升，而是因为不同背景的员工可以各抒己见、产生更好的想法供大家思考。这将会消耗大量精力，亚马逊十分清楚这一点。

反过来看，日本企业奉行"以和为贵，勿生异议"，从一开始就畏首畏尾，结果自然不战而败。进一步讲，这样的组织虽然保持了表面上的和谐，但并不是真的基于人与人之间的信任，而是基于见风使舵的心态，单纯地想着不要惹出事端罢了。

咨询师罗谢尔·科普这样评价日本人："日本人十分勤奋，但可惜多数人工作并不是被快乐驱动，而是受义务和恐惧驱使。"[1]

那些描写失恋的歌词里，经常唱道"讨厌我也没关系，但请别忘记我"。大家通常以为，热爱的反义词就是厌恶，但实际上热爱的反义词是漠不关心。

对于一个组织而言也是一样。虽然不至于说吵得越凶，关系越好，但是充满争吵和冲突的组织，其实也没有那么糟。能够吵起来，一半出于孩子气，而另一半则是出于吐露真情。争吵，至少能够撒播下信赖的种子。

这一点对于海外供职，特别是并购海外企业来说十分重要。面对一群价值观和文化背景完全不同的人，想要彻底了解彼此哪里相同、哪里不同，就少不了对话——当然也可以说是令人厌烦的争吵。

另外，那些表面看上去一团和气的组织，虽然没有争吵、把实话压在心里，但往往已经病入膏肓。有个词语叫作"假面夫妻"，那这种组织也可以叫作"假面组织"。其他部门在做什么，我不知道，也不想去知道；就算做不出成果，我们也用不

---

[1] 「私の異文化交流術」『日本経済新聞』二〇一五年六月二九日。

着推心置腹地去讨论原因，只需要互相包庇就可以了，不要把事情闹大。这样的公司外表看起来四平八稳，不知不觉间，却已经从内部开始腐化变质了。

现任米思米集团掌门人的三枝匡，因成功领导重建了大量企业而闻名。他在其著作中指出[1]，"通常情况下，企业业绩下滑和公司内部的危机感并没有关系，如果说有关系的话，也是呈负相关关系。也就是说，业绩越差的公司内部越懈怠，业绩突出的成长型企业反而保持着高度危机感"。正直的员工一个接一个地离开，只剩下油嘴滑舌的员工横行霸道……懒于思考的组织就是这样，"眼见他起高楼，眼见他宴宾客，眼见他楼塌了"。

连亚马逊这样的大企业，也需要公开倡导冲突的必要性，也需要向全体员工传达不可避重就轻、必须充分发挥企业生态多样性的理念。

热爱的反义词是漠不关心。

延伸阅读1

日本企业进军中国等亚洲市场，为何一路坎坷

随着日本社会老龄化、少子化日趋严重，市场成熟化迫在眉睫。对于很多日本企业而言，据守本土市场无异于坐以待毙，进军海外、实现全球化发展成了一个常谈常新的课

---

[1] 三枝（二〇〇六）。

题。截至目前，以汽车制造业为首的日本产业已经成功进军欧美市场，并为削减成本将工厂向海外转移；但同时对于其他飞速成长的新兴企业，占据亚洲市场成为最重要的课题之一。

然而，最重要的课题未必做得最成功。虽然除了汽车企业，味之素、花王、贝亲和无印良品等企业的成功案例也经常见诸报端，但现实情况却是失败案例占绝大多数。

当然，身心受挫的不只有日本企业。但据波士顿咨询公司2013年的调查显示，在开拓新兴市场领域，期待与现实之间落差最大的依旧是日本企业。[1] 事实上，1995年《财富》世界500强企业中，尚且还有149家日本企业榜上有名，而到了2009年，这一数字已经锐减到65家。

可能有人会想，如此看来进军亚洲市场，特别是中国市场果然困难重重。且慢，让我们再认真回顾一下历史：即使是如今在美国市场地位固若磐石的丰田汽车和本田汽车，在20世纪50年代末刚刚涉足美国市场时，技术也曾远远落后于美国汽车（例如加速性能差，甚至有的车无法开上高速公路），起步十分艰难。

把当时的情况套用到现在，既然"日本品质"在技术层面和品牌价值层面都已经远高于当地企业，那究竟为何日本企业的发展至今仍然举步维艰？如果把主要问题都归结于市

1　The Boston Consulting Group（2013）.

场一方，就无法解释为什么味之素、花王、贝亲等企业能够获得成功。

对于日本企业面临的困境，麦肯锡管理咨询公司的咨询师给出了如下五点建议：向员工明确全球化的重要意义和价值主张；使用英语作为通用语言；积极录用多样化的人才；组建全球营销机构；提高全球规模的协同增效作用。[1] 我认为这些观点本身并无错误，但除了第二点以外，似乎只要是大公司基本都已经做到了。如果我们将前文提到的四家公司和其他公司相比较，考察它们在其余四方面究竟有何不同，就会发现结论并不能令人信服。

意识到这一问题，2012—2014年，我和普华永道会计师事务所的成员共同开展了一项题为"关于日系企业全球化进程的联合研究：对成功进军新兴市场的启示"的研究。我们调查采访了超过20家日本大型企业的海外业务董事，得到了很多饶有趣味的新发现。我们将这项调查整理成文，刊登在普华永道的官方网站上；后来我又稍加修改，发表成学术论文。[2]

首先，我总结了日本企业在新兴市场采取的基本方针以及对现状的评估，内容大致相同，可归纳为以下五点。

---

[1] Iwatani, et al.（2011）.
[2] 「日系企業のグローバル化に関する共同研究——新興国での成功への示唆に向けて」二〇一四年一月（https://www.pwc.com/jp/ja/japan-knowledge/archive/assets/pdf/kbs-keio-globalization140131.pdf）、論文としては ˋShimizu (2014) などがある。

- 充分发挥传承至今的品牌价值和技术；
- 避免卷入价格竞争（避免卷入与当地企业的竞争）；
- 瞄准高端市场，远离大众化市场；
- 加深对当地情况的了解（包括政府的态度），提高营销能力；
- 不辞辛苦、反复摸索，想方设法顺利打开市场。

以上五点并无新意。尤其是"充分发挥传承至今的品牌价值和技术""瞄准高端市场，远离大众化市场"这两点，是实现发挥优势战略的常规做法。

然而令我的团队感到不解的是，从各种渠道收集而来的材料表明，受访的企业绝大多数虽然在与当地企业或者欧美企业的竞争中处于劣势，但并没有表现出很强的危机感和焦虑感。他们一边说着要反复摸索，另一边却又满足于眼下差强人意的成绩，心想"就这样吧"，给人的感觉是他们半途而废得干脆利落。

此外还有一点令人担心。越是处境艰难的公司（在市场竞争中满足于较低的份额），越是喜欢归罪于亚洲市场和中国市场（市场不透明、商品流通体系不稳定、规章制度变化无常等），也越是容易随口就说出"不可靠""没想到"这样的托词。

研究人员越发意识到这个问题的严重性，于是进一步反复调查，得出的结论是：不知为何，大量日本企业的目标仅停留在进入亚洲市场，只要在亚洲市场的增长速度比在日本本土市场更快，企业管理者就心满意足了。也就是说，即使市场本身或竞争对手的年增长率为 20%，但是考虑到日本市场已经是一个成熟市场，只要公司的亚洲部门年增长率为 10%，就已经足够了。

这样看来，就不难理解为什么日本企业打入高端市场的计划不知不觉间就能被当地企业赶上，为什么移动电话业务市场份额不涨反跌一类的事件屡屡发生。

如图 4.1 所示，左侧实线框表示进入亚洲市场时所见的部分，右侧虚线框表示所未见的部分。虽然所未见的部分已经逐渐在现实中显现，但是对于总公司董事会而言，他们要么依然看不清，要么选择性失明。

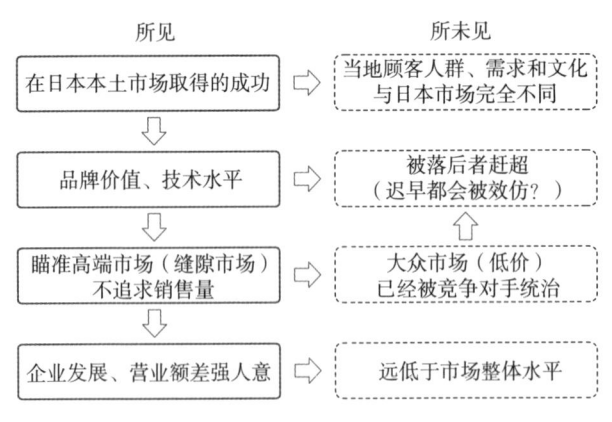

所见	所未见
在日本本土市场取得的成功	当地顾客人群、需求和文化与日本市场完全不同
品牌价值、技术水平	被落后者赶超（迟早都会被效仿？）
瞄准高端市场（缝隙市场）不追求销售量	大众市场（低价）已经被竞争对手统治
企业发展、营业额差强人意	远低于市场整体水平

图 4.1　日本企业进入亚洲市场时的所见和所未见

如此看来，问题并不是为什么日本企业虽拥有技术水平和品牌价值却依然失败了，而是正因为日本企业拥有技术水平和品牌价值所以才失败了。因为有优势，所以这些企业不知不觉间变得越发自负，不去主动了解市场，产品卖不出去就怪这个市场的居民文化程度低下，摆出一副高高在上的样子，只会重复自己的成功经验却不去学习新的知识——不，应该说是拒绝学习新的知识。日本企业进入亚洲市场所面临的问题解析，如图4.2所示。

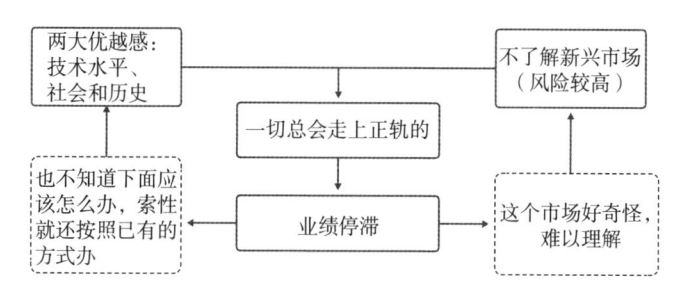

图4.2　日本企业进入亚洲市场所面临的问题解析

尽管我们已经在欧美市场吃够了苦头，但现在遇到的情况是：面对亚洲市场，日本企业看似不仅在技术水平，更在历史层面抱有优越感，实则不知不觉间成为这种傲慢与偏见的牺牲品；与其说亚洲市场本身就是一个特殊的市场，倒不如说日本企业以新兴国家为借口故意贬低当地市场，以为市场尚未成熟而不敢冒风险，结果导致企业守着日本土生土长的战略（deliberatestrategy，预案型战略）故步自封，而不去根据新发现制定新战略（emergentstrategy，应变型战略），最终导致大量企业的状况越来越差。

进一步讲，抱有这种充满偏见的想法、实施自以为是"天下第一"的狂妄战略，遭遇失败却不知道原因所在，所以只能归结于外部环境的问题，怪外部环境不可靠，自己没想到。

这种傲慢与偏见混合在一起，开启了恶性循环，"因为风险太高，所以不去投资""因为不去投资，所以业绩停滞""业绩停滞不前，说明风险确实高"。

就这样，日本企业既无法理解问题的根本出在哪里，又因为没有大量投资而无法研究市场。虽然当下能够靠着日本品牌和技术的优势赚取相应的利润，但是当地企业也正在奋起直追，而日本企业又没有下一步棋可走，最后只得指责中国市场太奇怪了，让人难以理解，陷入"醉汉困境"[1]，业绩不停下滑。

如此看来，麦肯锡的咨询师给出的五点建议与企业的成败之间，与其说是有因果关系，倒不如说是有相关关系。他们只从失败的企业身上寻找失败的原因，这种抽样偏差导致了错误的结论。我同普华永道联合开展的这次调查再次向我们揭示，观察事物时只关注显而易见、惹人注意的特征是多么危险，内心抱有偏见是多么可怕，以及将想法付诸行动是多么重要。

---

1 关于"醉汉困境"的解释，参见第十一章第一节。——译者注

第三篇

后悔和机会成本

将讨论好的方案传达给执行团队的全体成员时，必须展示出坚定的信念——我们只能这么做，而且我们一定做得到。明明此时心中充满了彷徨和恐惧，但只要将这些情绪全部藏在心底，团队的成功率就会大大提高。

大家都明白一个道理：一支内心坚定的团队，一定比一支犹豫不决的团队更能攻无不克、战无不胜。然而，要想彻底领会、贯彻落实这条道理，则需要经过时间的考验。

——南场智子

第 05 章
试图避免机会成本的机会成本

浪费就太可惜了造成的机会成本

为了撰写本书,我浏览了多本书名中出现"放弃"字样的书籍,例如《放弃的技巧》《放弃的能力》《放弃的勇气》等。在亚马逊的检索栏里输入"放弃",检索出的书籍超过 500 本,但多数都是讲解物品整理、物品保存或者生活风格的,和商业有关的书目却非常少。在本书第 2 章曾经提到,人们拥有一件物品后,即使这件物品(客观上)没有太大价值,人们也会认定它不是完全没有价值的,因而舍不得丢掉,这就是很强的禀赋效应[1]。

但可以肯定一点,很多人都因为各种原因舍不得丢掉东西,并且为此感到头疼。而最主要的一个原因就是——浪费就太可惜了。

---

1 禀赋效应,指当个人拥有某项物品后对该物品价值的评价要比未拥有之前显著提高。——译者注

的确，现在丢掉，就等于放弃了这件物品、这项事业的价值，至少是将来可能存在的潜在价值，所以可能会造成机会成本。

然而从现实角度考虑，大家往往会忘记，没有丢掉的东西绝不可能不消耗成本，因为保存物品本身就需要消耗管理成本。例如，在东京市中心面积狭小的公寓里，摆放西装就需要占据一定的空间，这时就消耗了住房成本。

尽管在亚马逊的长尾营销[1]这一类案例中，我们看到互联网的普及极大地降低了商品的库存成本，但我们也要问自己，这种方式真的适合自己、适合自己的公司吗？我们从机会成本的层面仔细考虑过吗？

诚然，新兴国家的企业成本低廉，为了和他们竞争，公司必须节约每一分钱、竭力避免浪费。所以我们会经常看到公司总裁也只乘坐飞机的经济舱，上市企业的董事出差时也尽可能购买打折票、住廉价旅馆，这种作风着实令人钦佩。

然而，不知道从什么时候开始，问题悄然变成了消费就是罪恶。作为一种手段，我们节约开支，却不清楚是否真的实现了初衷。我们往往受制于节约，却提高了机会成本。

其中一种情况便是为了杜绝浪费而将投资规模降到最低，甚至连阈值都没有达到。但如果说 60 分是及格线，那么 59 分和 0 分就毫无区别。

---

[1] 长尾营销，指凭借互联网等新技术，公司以比以往更低的成本占据了规模小但数量大的长尾市场，从而显著提高了公司效益。——译者注

雅虎公司曾经一手开启了网络时代，市值一度高达1 250亿美元，2017年却被电信公司巨头威瑞森以大约48亿美元的价格收购，而现在公司的名字已经变成了Altaba。

在这场兴亡盛衰的巨变背后，有着一段鲜为人知的故事：2006年，雅虎当时只差一步，就能成功收购脸书。那时，谷歌已经决定以16.5亿美元的价格收购YouTube（美国一家影片网站），几天后，雅虎和脸书也一致同意将收购价定为10亿美元。

然而之后，雅虎却因为受到自身股价低迷的影响要求降低收购价格，最终导致谈判破裂。时间到了2017年，脸书的市值早已超过500亿美元。多么可惜的收购良机！值得一提的是，2008年微软也曾提出要以446亿美元的价格收购雅虎，却被雅虎以价格过低为由一口回绝。

还有一种情况叫作"将就现成的"：因为不想浪费手头的资源，所以姑且将就使用，结果却被采取了最佳手段的竞争对手击败。

以企业经营战略中的多元化经营为例：多元化经营重在协同效应，即有效整合企业已有的优势和资源，从而打入那些能够做到比竞争对手效益更优、效率更高的行业，这是正常的情况。反之，如果闯入那些既利用不到本公司资源、又运用不到本公司知识的行业，就会像是掉进了一块"飞地"[1]：就像在日本泡沫经济时代我们所见到的那样，制造型企业改去经营高尔夫

---

[1] 飞地，是一种特殊的人文地理现象，指隶属某一行政区管辖但不与本区毗连的土地。——编者注

球俱乐部,这种开拓市场的方式多半都以失败告终。

然而,来自伦敦商学院的康斯坦丁诺斯·马卡德教授很早就曾指出,"充分利用本公司的资源"和"在竞争中胜出"完全是两回事。[1]这一观点关注的是"某一行业成功的要素有三,鉴于我公司已有其一,即应进入这一行业"这类失败的案例。即使是丰田汽车这样的大型企业,在进入住宅建设行业后也业绩平平,虽然这两个行业都离不开钢铁。

此外,多元化经营还存在另一个更重要的问题:开拓新行业时,很少有企业想的是"进入这一行业,我们想实现这一目标;而一旦参与竞争,我们有望获得所需要的资源"。相反,更多的企业想的是"我们公司手上握着资源,所以总要找点事情做吧",说得更绝对一点,更多的企业想的是"我们公司有大把的闲人,所以总要找点事情做吧"。

虽然问题的关键在于有效利用剩余资源,但如果从这个角度出发,很容易就会偏离"能否帮助我们在企业竞争中胜出"的初衷,(无意之间)被能否消耗掉多余的物力、人力的想法牵着鼻子走。这时,公司并没有冷静透彻地从行业发展的逻辑角度出发制定战略,而是抱着"早晚会成功的"之类的期待乃至幻想进行决策;公司开展多元化经营的目标并不是促进企业发展、扩大竞争优势以及提高客户满意度,而仅仅是因为人这么多,总得找点事情做,这样做的结果可想而知。

美国西南航空公司创建于1971年,作为廉价航空公司经

---

[1] Markides(1997).

营模式的鼻祖而闻名于业界,被大量经营类书籍和论文广泛剖析、引用,我的著作也位列其中[1]。公司创始人赫伯·凯莱赫作为一名敢为人先的经营者,其个人魅力自不必说;但我个人认为最值得研究的问题在于,在这个今天看来并非与互联网相关的高新行业领域里,那些航空公司巨头明明坐拥着大笔人力、物力、财力、乘客信息以及相关知识,为什么却无一例外地被这家从得克萨斯州的穷乡僻壤里走出来的乡巴佬公司占了先机。更何况那些巨头即使想要模仿,往往也是半途而废;它们明明有机会享受巨大的规模效益,却在成本方面被打压得毫无还手之力。

对此更详尽的分析读者可以参考其他书籍,但如果要用一句话概括,我认为原因在于大公司对于浪费的执念。美国西南航空公司为了能够给乘客提供最低价的飞行服务,始终坚持低成本运营:机型只有一种——波音737,自然大幅降低了维修成本以及零部件库存成本,技术人员和飞行员也只需要单一工种即可,调班非常方便。而且公司不委托旅行代理商,也不为乘客固定座席,甚至连航班延误也不进行任何赔偿。

其他大航空公司见此情形,纷纷成立廉价航空子公司,希望能抢占西南航空公司此部分市场份额。然而根本问题就出在了利用现有资源上:难得我们采购了这么多种机型,不如就都利用起来吧!难得我们和旅行代理商建立起了合作关系,不如就都利用起来吧!难得我们已经入驻了机场柜台,那就也都利

---

[1] 清水(二〇〇七a)。

用起来吧……就这样，建立廉价航空子公司的初衷是靠低成本运营取胜，最终却变成了充分利用现有资源。

一点一滴的妥协，看起来都不是大问题；然而正是将一点一滴的成本累积起来，最终击碎了战胜坚持低成本运营的西南航空公司的全部可能。

事实上，日本的半导体行业也发生过类似的情况。我曾几次受邀参加某一会议，曾经盛极一时的日本半导体行业之所以衰败，绝不是因为缺乏技术；恰恰相反，正是因为太不缺乏技术，所以哪项技术都不舍得放弃。

虽然有些企业靠着翻新旧有技术，尚且能与新兴企业的前沿技术相抗衡，但正如某一大企业的前任副总裁讲述的那样，"有一次我到中国台湾的一家无工厂芯片企业[1]参访，当时的场景令我非常震惊：他们的制造过程比起我们的，简直简单到难以想象，彻底颠覆了我的认知"。

这正是被哈佛商学院克莱顿·克里斯坦森教授命名为"创新者的窘境"的一种现象。大企业往往舍不得放弃（曾经带来过荣耀的）旧技术，抱着应该能成功的心态在旧技术上不断倾注资源，把它变得越来越复杂，最终使整个技术变得臃肿不堪，败给了简单的新技术。

这不禁让人产生疑惑：到底什么才是所谓的"经验"？"经验丰富"这个词通常被作为褒义词使用，但在"参考过去的经

---

[1] 无工厂芯片企业，指只负责芯片的电路设计与销售而将生产、测试、封装等环节外包的芯片企业。——译者注

验做决策"这个层面上，可能就暗含缺乏独立思考、忽略现实情况的消极意思了。

英特尔公司的创始人戈登·摩尔和安迪·格鲁夫在决定是否撤出某一行业、是否变动高层人事时，会从"如果我是新任CEO，我会怎么做""如果重新进入这一行业（或录用这个人）会怎么样"的角度考虑，这种做法在业界十分有名。这种"从零开始思考"的教科书式的思考方式，并没有大家想象的那么无用，因为它可以擦亮你那双被错综复杂的组织关系所蒙蔽的眼睛，带你重新思考管理的基本原则。

充分利用公司的现有资源通常并非产业逻辑的最优解，其初衷明明是避免机会成本的产生，却往往带来了更高昂的成本。

"经验非常重要"这句话，很可能只是因为没有看清现实。

承诺升级现象

事实上，这种舍不得丢掉、停不下来的心理倾向是心理学和管理学的一项重要研究课题，研究者从很早以前就开始针对各类案例提出了可能的诱因。这里有一则典型事例：新银行东京公司投资建设了一项水坝工程，想要最后建成这道水坝还需要投资几十亿日元，但考虑到工程已经完成了八成，即便目前还看不到任何前景，也只好硬着头皮继续进行下去。原东京都知事石原慎太郎评价这项工程是"进有刀山，退有火海"。

类似的还有协和式客机、1967年加拿大蒙特利尔世界博览会等。还有人研究发现美国职业篮球联赛（NBA）也是如此。

在 NBA 高价签下选秀状元后，即使该球员表现不佳，协会也倾向于继续留下他。[1]

这种不顾失败继续投资、导致危机愈演愈烈的现象，在管理学中被称作"承诺升级"。这一现象在日本非常普遍。如，放款人已经发现借款人经营不善，如果就此撤资，损失只有 10 亿日元；但为了帮助其重新经营，放款人又追加融资了 10 亿日元，结果最终亏损了 20 亿日元。再如，一项新业务刚刚开始时明明不见业绩增长，但大家抱着"总有一天会好转"的希望一拖再拖。用一句话总结就是：深陷泥潭不能自拔。

承诺升级受到程度不同的各种因素的驱动，例如沉没成本偏差、自我辩解、管理规则（组织的惯性）、政治、社会压力等。[2]

只要注意到这些因素，似乎便能从泥沼中抽身。话虽如此，事实却并非这样简单，原因在于人不可能百分之百预测未来（这一点前文已经提到）。一件事情在今天或者今年进展不顺，并不意味着永远都没有希望。另外，考虑到"放弃就可以承认失败"这种逃避责任的动机，也并不能说放弃就是更好的选择。

美国通用电气公司的成员表示，通用电气也不能做到让所有并购都一帆风顺，甚至公司内部一致认为自己并不擅长并购交易。尽管如此，通用电气之所以能够顺利成长至今天（姑且不谈当下如何），原因就在于他们能做到"迅速死心"。即使一

---

[1] Staw and Hoang（1995）.
[2] ご興味のある方は、たとえば、清水（二〇〇八）、清水（二〇一八）をご参照ください。

场收购已经花费了大量时间进行磋商，在计算过其中复杂的协同效应以及投资价值后，如果这项业务对于通用电气而言几乎毫无价值或者并不相称，他们也会毫无眷恋地一刀斩断。

同样的道理，可口可乐公司尽管花费了四年半的时间，投入上百亿日元用于研发全新口味，但只用了两个月时间就决定重新发售原有的经典口味。

人们常说在考场上答案越改越错，听起来似乎很对，但事实并非如此。这种讹传盛行的根源在于，人们总是对因善变而导致的失败记忆犹新。不相信的读者可以观察自己的公司，对比迄今为止进行过的项目中趁早止损（或者说按照预定计划止损）的结果，以及勉强维持、继续投资的结果。只要认真回顾一下这两者，答案自然揭晓。

承诺不断升级，其实就是口中讲着未来的可能性，心里却想着明哲保身、自我辩解。在承诺升级的过程中，如果能将那部分不该追投却投入了的资金、将那些明知前途无望却不愿放弃的员工安排到新项目、新业务中，结果可能会更好。

正所谓"临渊羡鱼，不如退而结网"，针对失败后如何行动起来，三洋电机的创始人井植岁男提出了"三心理论"，即对旧事物下死心、对新事物下决心、在适当的情况下下狠心。如果我们审视三洋电机日后的命运，就会明白这三点其实并不容易做到。[1]

一旦开始投资，即使已经出现不良后果，很多情况下也难

---

[1] 三洋电机于 2009 年成为松下电器的子公司。2012 年，松下决定停止运营三洋品牌。——译者注

以做到就此收手。

过早放弃所造成的机会成本

有这样一本著名的书——《从指尖溜走的未来》,讲述了一家曾经足以代表美国的企业施乐公司,在20世纪70年代至80年代所经历的大起大落。在美国,施乐公司的英文名"Xerox"已经成为"复印"的代名词。而如今,这家公司正面临着被富士胶片收购的可能。[1]

施乐最大的成功,当属旗下的帕洛阿尔托研究中心研发出了足以引领个人电脑业务主流的鼠标和图形用户界面(事实上这两者也早已成为主流)。施乐最大的失败,则是武断地认为鼠标和图形用户界面不可能商品化,过早将其放弃,因而错失了可观的前景。有传闻称,如果当年史蒂夫·乔布斯没有参观帕洛阿尔托研究中心,就不会有今天的苹果公司。

这一案例与承诺升级截然相反。承诺升级是指因舍不得丢弃失败的项目而不断注入资源,从而产生机会成本;而本案例则恰恰相反,公司为了避开承诺升级带来的机会成本而过早地

---

[1] 2018年1月31日,富士胶片宣布与施乐达成协议,两者的合营企业——富士施乐——将与施乐合并,但这一提案遭到施乐大股东达尔文·迪森的反对;4月27日,美国纽约州高级法院命令施乐暂停被收购的相关程序;5月,施乐单方面退出了与富士胶片的合并计划。2019年11月5日,富士施乐成为富士胶片的全资子公司,同时富士胶片放弃对施乐的收购。本书成书于2018年9月,此时富士胶片与施乐的纷争尚未结束,因此作者说"施乐正面临着被富士胶片收购的可能"。——译者注

选择了放弃，结果眼睁睁地看着大好前景溜走，最后反而被机会成本迎头痛击。

"Fumble"这个单词在美式橄榄球中经常被使用，意思是明明抓住了球却又丢掉了。比起原本就没抓住球，丢掉抓住的球更让人惋惜。

不久前美国的一项调查结果显示，一款新的家电产品想要确立市场地位平均要花费 6 年时间，而一款电冰箱想要获得世人认可、打开销路，则需要 18 年时间。前文也曾提到，佳能公司更换了三位研发负责人，花费了将近 20 年时间才开发出复印机、打印机等畅销产品。

佳能电子的酒卷久社长是这样概括这三任负责人的："第一任顶着'居然去做那种鬼东西'的压力，被人贬得一文不值；第二任背负着'嘴里嚷着自己行，实际根本就不行'的骂名，被人喊成是骗子；到了第三任，才总算是乘上时代东风，迎来春暖花开了。"

关于该放弃还是该继续的问题并不会因为引入实物期权的概念，就能轻易找到答案。

目前关于承诺升级的研究十分充分，但关于因过早放弃而导致失败的研究则寥寥无几。现实生活中，大家更容易理解因为不肯放弃而导致的失败（当然，事实是否如此有待商榷），却并不清楚过早放弃也会导致失败。

《从指尖溜走的未来》一书的作者当时供职于 IBM 研究团队，因此对施乐公司的案例研究得十分透彻。与之类似的案例还有：在 iPad（苹果公司设计的平板电脑系列）上市很久以前，微软公司早就推出了平板电脑；百事可乐的有机饮料在英国上架仅两年后便停止销售。

假使这几家公司当初能够坚持销售这些产品，尽管我们无法断言它们日后就一定能取得成功，但至少我们可以确定一点：世界上确实存在着这样一类短命的热销产品，它们领先于时代，却被发明者过早放弃。

英国利物浦大学的海尔格·德拉蒙德教授果断接手了"过早放弃导致失败"这项研究难题。[1] 在德拉蒙德教授的所有研究中，关于承诺升级问题的研究最为著名。她引用了英国石油公司的一则案例，证明过早放弃和承诺升级一样，问题的症结在于企业管理：1961 年，英国石油公司在利比亚的一块油田上开展石油勘探工程，但是多年过去，前景依旧渺茫。就在公司正式下达停止开采的决定之后，领队带领人马继续下挖了仅仅三米，便发现了一块全世界屈指可数的大油田。

德拉蒙德教授揭示了促使当事人决定继续投入还是就此放弃的各种因素，并且将两者进行了对比，结论十分具有参考价值（表 5.1）。

表 5.1 继续投入还是就此放弃

促使当事人继续投入的因素	促使当事人就此放弃的因素
过于自信	及时止损
沉没成本	机会成本
认为有必要为自己正名	认为继续投入存在风险

---

1 Drummond（2014）.

续表

促使当事人继续投入的因素	促使当事人就此放弃的因素
不接受别人说自己失败了	承认失败
承认失败后带来的社会成本	已经公开发布了的（投资额度）上限
只差最后一步就成功了（收尾心态）	不愿重新调整预算
抽身需要付出的成本； 人在组织，身不由己	公司内部的风向变化

此处有两点值得读者注意：公开发布投资额度上限产生的效果，以及公司内部对于重新调整预算的抵触情绪。例如，对于一项新业务，通常规定的上限是"三年实现全年盈利，五年填平累计亏损"。这项规定能有效防止承诺升级，同时从客观角度讲，确立了规则就相当于给决定放弃的负责人吃了一颗定心丸。即使日后发现当初选择放弃为时过早，负责人也可以为自己辩护称"规定既然如此，我也只好照办"。

另外，一份计划如果包含了预算部分，就能够达到和上述规定相同的效果。无论是打算承诺升级，还是打算遵守规定，一旦负责人做出了决定，事后再想变卦可就要大费周章了。

然而，所有规则都是在项目开工前制定好的（此处的讨论涉及下一章将要讨论的实物期权）。也就是说，从项目实施过程中获得的重要信息，在规则里完全不会得到任何反映。借用南场智子的话说，如果根据项目实施之前收集到的信息做决定，就会大大降低将所做的选择变成正确选项的机会。

是继续投入、就此放弃还是静观其变，这是一个令人极其苦恼的问题。甚至可以这样讲，管理当中所做的决断全部都绕不开这个问题。只可惜世界上并不存在只要输入几个数字，就会给出问题的正确答案的电脑程序。也正是因为这个问题颇具难度，才能体现出人与人之间水平的差距：胜者也可能失败，败者也可以一招扭转乾坤。

最重要的一点是将上面提到的影响因素牢牢记在心间，之后结合自己的直觉进行判断。英国石油公司的例子正是如此：想象当时的情景，可能只是有人随口说了一句"距离收工还有一个小时，那就再试试看吧"，也可能是领队总感觉心有不甘，坚持要求公司"就再给我一个小时，请一定允许我再试试看"。

过早放弃导致的机会成本不易被人察觉。

一旦确定了投资计划，即使有希望获得更大回报，公司也不愿意看到短期成本因预算调整而增加。

指望着"总有一天……"的机会成本

凡是传授生活物品整理之道的书籍，几乎总会出现这样的观点：书籍、衣服和小杂物等各类物品，即使现在用不到，总有一天也会用到，因此统统不能丢掉。

有一本书这样评价这种观点："等待用到的那天，就像是在等待一个星期的第八天。"也就是说那一天其实永远都不会到来。尽管如此，我们依然坚信那一天总会到来，哪怕只抱着一丝希望。我们抱着万一什么时候能用到的心理，什么都舍不得扔掉。

商业界也会出现相同的情形。我在美国时曾经访问过一家公司，发现它们的商品目录一年比一年厚。我向相关人员询问其中的原因，得到的答案是："其实目录里有很多商品已经几乎卖不出去了，但只要还留在目录里，说不定哪天就还能再卖出去一个呢！"

商品目录厚重不堪本是小事，但背后隐藏的问题很大：如果卖不出去的商品依然保留在目录里，一方面工厂不得不继续生产以维持最低库存；另一方面营销人员不仅要记住新产品的相关信息，还要记住大量即将淘汰的产品信息。在本案例中，尽管这一模式从各个层面上讲都得不偿失，但管理部门的这种"不能浪费，总有一天会有用"的想法和做法，使业务部门苦不堪言。

其实在美国的大学校园里也存在着相同的问题。美国大学里每一门课都有指定教材，而且教材价格都奇高无比（可能是授课教授都会指定使用自己的书作为教材的缘故）。单价100美元的教材比比皆是，而且很多教材由于逐年加厚而价格上涨。尽管我了解到的主要是商学院的情况，但这也是美国大学普遍存在的现象。

有一次我向教科书出版社的负责人问起此事，对方回答说："类似情况我们早就清楚。但我们担心如果删除了某位教授恰巧中意的内容而导致他不再选用这本书了，将会影响教材的销量。"

这个理由倒是让人无法反驳，但是面对一本厚达400页的教材，根本不会有哪位学生有时间一页一页仔细阅读；这样的教材覆盖面太广，让人抓不住重点，令人不禁疑惑这种教材是谁在用、给谁读的。

各位读者翻看一下自己钱包里的会员卡，是不是也有类似的情形？去这家店领到一张会员卡，到那家店又领到一张会员卡，心里想着每张卡都能用来积攒积分，就把它们统统塞进钱包里，但事实上又真的用到过几张呢？

结合第一节讲到的禀赋效应和第二节提到的答案越改越错的事例，我们就会发现问题的根源：大家都曾有过想要使用某张会员卡，却发现这张卡已经被扔掉了的经历，这样的经历印在脑海，促使我们下定决心绝对不能再出现相同的情况，于是我们决定把每一张卡都随时带在身上。这样不仅使钱包越撑越鼓最后坏掉，个人形象也随之大打折扣，每次都要花很大工夫才能从一大把会员卡里找出要用的那张，更何况这种麻烦几乎每天都要经历。

进一步讲，商家推出会员卡的根本目的在于将顾客从"卖我所需"的店铺吸引到"有分可积"的店铺。然而对于顾客而言，这种被会员卡牵着走的购物，满意度会随之降低；就算能用积分弥补回来，但这一切真的是出于自己的购物初衷吗？

不仅如此，我们的选择余地、接触新商品的机会也随之变少。最可怕的是，在不知不觉间我们对自己究竟想要什么的意愿也越来越模糊了。

很多人都听说过"二八定律"，也称"帕累托法则"：根据经验，大至全人类、小至一个群体，整体活动、整体成果的80%常由位于顶层的20%的个体完成（100名营业员中的前20名完成了总销售额的80%；100件商品中最畅销的20件商品的销售额占据了总销售额的 80%）。既然如此，集中关注会员卡和商品的前 20%，同时将剩余的时间和精力用在其他事情上，岂不是更划算？

诚然，"忧患生于所忽"，因此需要人们居安思危。但如果日日思危，为了可能到来的那一天而隐忍度日，则未免有些舍本逐末了。

被人们昵称为 Horiemon 的堀江贵文在一本书中发表过评论，主题是"与其想着总有一天要做，为什么不现在就做"。的确，如果想做成一件事，不迈出第一步，就不会有下一步。

不开始行动，只想着那一天总会到来，甚至不如去买一张彩票幻想着中奖，因为你连彩票都还没买。纸上谈兵未尝不可，但如果真的想实现目标，请时刻记住：空谈误事，就相当于嘴上说着"我还没拿出真本事呢"一样。

所谓总有一天会到来，如果现在不行动，那么那一天永远都不会到来。

指望着总有一天，会带来难以估量的机会成本。

免费的才是最贵的

日语中有一个名词叫作赠品文化。作为赠品，海洋堂公司出品的玩具模型曾经风靡一时，如今女性杂志也流行起了随刊附赠手提包一类的豪华赠品。尽管赠品的成本实际上已经包含在价格中了，顾客其实是在用购买主体商品的钱购买赠品，但大家只要看到赠品就觉得有利可图。

人们都喜欢无偿、免费、不要钱的东西。克里斯·安德森所著的畅销书《免费：商业的未来》对此进行了详细的阐述。书中指出，不要白不要的心态人皆有之。

让我们来看一看这种心态会带来什么样的后果。为了便于理解，下面直接讨论极端的情况：首先，我们手上的东西（主要是赠品）越来越多。如果只是纸巾、食品保鲜膜之类的消耗品倒也还好，但如果是盘子、摆件，就只会白白占用空间。其次，由于我们无法选择赠品的款式，因此得到的赠品常常与个人风格、居家风格完全不搭。结果物品摆放在那里却根本不会去使用，甚至还破坏了整体风格的和谐，占据了原本可以留给其他物品的空间。

既然如此，那么是不是只要能够把赠品利用起来就可以了呢？我反复强调，赠品只是赠品，不能对它的质量抱有过高的期待。习惯于使用免费获得的物品，就相当于在忍受劣质商品、劣质服务。尽管这样做确实有可能省下钱来用在其他地方，但说到底又有多大可能性呢？

此外，持续使用劣质商品、接受劣质服务，只会让人失去审美标准，降低生活品位，最终忘记自己真正喜爱的、欣赏的、享受的究竟是什么。

于是大家遗失了初衷，不去购买想买的、必买的东西，而只购买廉价的、能带来眼前实惠的东西。这样做就算真的省下了钱，又到底是为了什么而省呢？

在企业中这种行为倾向也很常见，比如我们会遇到这样的观念："员工开销属于固定费用，所以让他们多干多少活都是免费的""反正你闲着也是闲着,那就去把这个工作做了吧"。尽可能充分地将固定费用转化为更高的设备运转率确实十分重要,对于工厂等生产者而言,设备运转率的高低能够决定命运。

但是,这样做的前提应当是,额外的工作不会影响完成已有的工作。例如,在员工必须努力学习、提高企业销售技能的时候,反而要求员工有学习的时间还不如赶紧去工作,或是有了空余人手就赶紧去拓展新业务,这样做不仅有损于企业销售(中长期)的良性成长,向新成立的业务部门输送低端人力,也会迫使其浪费大量时间用于员工培训,更会让原本干劲儿十足的员工心灰意懒。总之,这些负面作用反而会带来更高昂的机会成本。

归根结底,问题的根源是企业在判断价格贵贱、效率高低时过于鼠目寸光。大到一个组织、小到一个个体,要始终铭记自己的初衷:自己究竟想要做什么,为了达到这个目标分配资源的最优方案是什么。如果只想着描摹未来的蓝图,却忘记了珍惜当下,各种机会成本自然而然就会纷至沓来。

免费的才是最贵的。

二次解读浪费就太可惜了

"浪费就太可惜了"这句表达,和"宾至如归"这个词语一起，因 2020 年东京奥运会而走红。[1] 借此机会，大家开始重新审视日本从古至今流传下来的价值观。但正如我前文所述，强调丢掉就太可惜了反而会产生更高的机会成本，最终很可能会是占小便宜吃大亏。

我曾读过一本书——《浪费就太可惜了》。书的腰封上写着"诺贝尔和平奖获得者、肯尼亚环境和自然资源部前副部长、已故的旺加里·马塔伊女士访日时对本书题目深有领悟""让我们再次聚焦日本人最伟大的品质"。有关占小便宜吃大亏的话题，书中有一段阐述见解十分深刻，篇幅略长，现引用如下[2]：

> 一天，有位朋友为我精心调制了一杯咖啡。就在咖啡端到我面前的一瞬间，却洒到了地上。这时我一定会脱口而出感叹一句："啊，太可惜了。"这句话里不仅包含了因浪费咖啡而产生的懊悔之意，更包含了因浪费朋友调制咖啡时的专注、时间、精力，尤其是这份心意，而产生的愧疚和惋惜之情——毕竟朋友原本是非常希望我能够品尝到这杯香醇的咖啡的。

---

1 2013 年 9 月 7 日，在国际奥委会第 125 次全会上，日本东京作为 2020 年夏季奥运会候选城市，由申奥大使泷川克里斯汀进行了最终陈述。在最终陈述中，泷川克里斯汀引用了经典的日式表达"おもてなし"（发音 Omotenashi，意为宾至如归）来形容日本的好客文化，最终帮助东京成功获得了 2020 年夏季奥运会的举办权。这一短语因而迅速在日本走红，并且获得了年度的日本流行语大奖。在此后的 2016 年 8 月，东京都知事小池百合子提出将"もったいない"（发音 Mottainai，意为浪费就太可惜了）打造成和"おもてなし"一样深入人心的东京奥运会理念，并向全世界推广。——译者注

2 プラネット・リンク編（二〇一六）六~七ページ。

"浪费而就太可惜了"这句话表面上是在惋惜物质上的损失,实际上则包含了更为丰富的情感。其中既有对逝去事物的深沉谢意,因为自己曾经有机会拥有它、完成它,并且曾为之付出千辛万苦,这一切都难能可贵却又难以名状;也有因这一切全部烟消云散而产生的叹惋之情。这些复杂的情感融为一体,构筑起了日本人独有的精神世界。

原来如此。

如此看来,迄今为止我们都把重点放在了惋惜外在的物质损失上,但真正重要的并非物质损失,也非未被充分利用的固定费用,而是我们原本想要实现的目标,是公司的使命,也是旗下所有员工的斗志。

因此,那些打着有效利用闲置资产和人力的旗号,将其转移至与原本目标无关的事务中的行为,就仿佛是花费了200日元的交通费,却只是为了去买便宜50日元的鸡蛋。

降低成本、提高效率固然重要,但公司并不是为了降低成本、提高效率才存在的。为了实现极其重要的目标,缴一些"学费"在所难免:经历失败、做一些乍看上去毫无用处的试验,也不啻为"缴学费"的一种形式。

日语中有一句话叫"及时死心,可保千金"。前文曾介绍过三洋电机的创始人井植岁男提出的"三心理论",但大多数人在面对"浪费就太可惜了"的想法时,都很难下定决心。

但是我们必须仔细想清楚,"无法下定决心"会带来什么样的机会成本。所谓"浪费就太可惜了",究竟是什么太可惜了?

我们的判断标准是什么？比较的对象又是什么？

如果我们只盯住眼前的蝇头小利便想着浪费就太可惜了，那么我们就无法开展其他更重要的事项，就会错失很多机会。如此想来，这岂不是更加可惜吗？日语中还有一句话，叫"及时止损，可保万本"，表达的正是"不入虎穴，焉得虎子""破釜沉舟，背水一战"的重要意义。

浪费就太可惜了，但是可惜的判断标准是什么？比较的对象是什么？真正可惜的又是什么？

及时死心，可保千金；及时止损，可保万本。

第 06 章
拓宽未来选择造成的机会成本

实物期权：利用小规模投资对冲未来的机会成本

近年来，"实物期权"这一充满金融学气息的术语也开始屡屡出现在管理学中。[1] 布莱克-斯科尔斯模型是期权定价理论的支柱性模型，其发明者迈伦·斯科尔斯教授凭借这一成果与罗伯特·莫顿教授共同获得了 1997 年的诺贝尔经济学奖。非常遗憾的是，模型的另一位发明者费希尔·布莱克教授已于 1995 年辞世。

在金融学中，期权是指一种选择权，由于股价未来的涨跌情况存在不确定性，在未来特定时间段内，期权买方可以选择按照事先约定的价格将股票买入（称为看涨期权），也可以选择按照事先约定的价格将股票卖出（称为看跌期权）。至于如何根据市场数据、通过理论计算确定期权的价格（即权利金），则要

---

[1] 清水勝彦「『捨てられない』——経営が陥る罠」日経ビジネスオンライン、二〇一三年一一月二五日（http://business.nikkeibp.co.jp/article/skillup/20131120/256100/）；Adner and Levinthal（2004）り入れています。

依靠布莱克-斯科尔斯模型。

期权作为一种权利，并不强制行使。即使买入了期权，如果没有必要行使这一权利，期权也可以作废。总而言之，期权的关键在于可以通过小规模投资（权利金）实现风险对冲。

将期权应用于实际管理中，即产生了实物期权的概念。简单来说，实物期权就是提前对前景尚不明朗的技术、市场、事业乃至公司或研究项目进行小额投资，以获得事后再决定是否真正开展这些项目的选择权。这一操作的目的在于通过预付小额资金以防止错过时机，从而将未来的机会成本降至最低。可以说，实物期权与保险防患于未然的功能十分相似。

很早以前就有论文总结了这样一类现象[1]：当甲乙双方相互竞争、尚不清楚未来何者将成为主流时，常见的策略是同时对两者进行少量注资；当公司看好某一新兴市场，但尚不清楚前景究竟如何时，常见的策略是暂且设立一个办事处，再观察时机；当全资收购某家公司风险过高时，常见的策略是先成立一家合资公司，之后进行少数股权投资，再相机行事。

然而，金融学中的期权概念与管理学中的实物期权有一个本质差异：金融期权的价值根据市场数据由外部客观因素决定，而实物期权的价值则主要由该企业内部采取的行动所决定。

以技术开发为例，在公司决定是否将一项技术实用化、商业化时，一方面要看外部环境，但更多则要看开发团队为此付出了多少努力。也就是说，金融期权是"等着瞧"，而实物期权

---

[1] Kogut（1991）.

则是"做着看"。因此实物期权并不存在外界规定的失效时限，只有在其自己决定放弃的那一刻，实物期权才会失效。

总之，实物期权的本质在于可以自主决定是否放弃。在小规模投资后如果看见成功的希望就继续投资，这样的投资只能算得上是阶段性投资；只有被放弃的投资，才是实物期权的真正价值所在。

但正如前文所述，现实情况常常是一旦开始投资便很难中途放弃，典型的心理便是：只要再投一点，情况应该就会好转。例如当初约定三年实现目标，相关负责人也十分努力，但当他恳求着"只差最后一点了""瓶颈期已经过去了""无论如何就再给一年时间吧"的时候，确实让人很难下定决心就此放弃。正如德拉蒙德教授所言，只要未来还不可确定，就没有任何一个项目能够被断言是完全失败的。

如此一来，当初制订好的计划就会因加入其他因素而更改，于是项目得以继续存活。此外，在投资之后的过程中又产生了各种计划之外的新发现，例如这个用途应该也可行，进入新的市场似乎也有希望，等等。

接下来，未来的目标变成了充分利用这些新的发现。的确，新发现难能可贵，为之付出的努力也值得珍惜，所以最为灵活变通的方案，就是将它们全部充分利用起来。但随之而来的是，我们也逐渐偏离了自己的初衷。

在实物期权中，开始投资很简单，但问题在于管理学中的期权不同于金融学中的期权，有一个明确的放弃标准。没有任何一个项目能够被断言是完全失败的，因此在这样一个充满不确定性的环境里，我们要保持灵活变通。即便如此，只要我们还想着变通，还没有放弃手中的实物期权，这份实物期权就和简单地尝试多份投资没有任何区别。

在现实世界里，未来无法确定，因此我们要逐个尝试各种可能性。从这个角度讲，布莱克-斯科尔斯模型虽然被诺贝尔经济学奖认可，堪称名门正派，但其实也和精益创业[1]等理论的核心别无二致。

最重要的一点是，我们手中的资源毕竟有限，因此必须确立一条取舍选择的准绳。这条准绳不仅包含横向权衡，即从当下存在的各种可能中甄选出投资对象；也包含时间轴上的权衡，即准确把握撤退的时机。什么都不肯放弃，一方面，虽然能够拓宽未来的可能性和选择余地；但另一方面，一旦危机突然降临，如果没有留下任何深度运作的资源和制度，到头来一切都会是竹篮打水一场空。

虽然我想对所有项目进行投资，但是我必须忍痛割爱；虽然我想继续等待时机，但这个时间点已经必须做出决定了。我们必须要做出决策，虽然与一次性决定投入巨资相比，细水长流式的决策风险更低，但如果我们想要从所有公司中脱颖而出，就躲不开做出艰难的决策。实物期权不是目的，只是达到目的的一种手段。

达特茅斯学院的罗恩·阿德纳教授在其著作《广角镜战略：

---

[1] 精益创业，由埃里克·莱斯提出，指初创企业如果愿意投入时间，用于快速更新产品与服务，以提供给早期用户试用，那么企业便能减少市场的风险，避免早期所需的高昂成本与可能导致的失败。——译者注

成功创新者的洞见》[1]中，针对在创新领域如何取舍这一问题进行了讨论。

书中充分肯定了创新生态的重要意义。所谓创新生态，是指无论一件产品多么出类拔萃，想要让顾客最终体会到它的价值，都必须提供完备的配套服务，并且最终形成生态系统。例如就电动汽车而言，充电设备不可或缺。这本书还提出了一种观点：在100个选项中，没人知道究竟哪些最后会成功。但如果从创新生态的视角考虑这个问题，我们可以首先圈定哪50个会失败，这样一来筛选出成功选项的概率自然就翻了一番。

拥有"永世名人"头衔的日本将棋棋士羽生善治说过："在我们试图从纷繁复杂的信息中找出对自己有用的信息时，如何舍弃比如何选择更重要。"

实物期权（即在开始阶段分散、少量投资）可以延缓决策时间，确保乃至扩大选择余地。但是真正核心的则是从战略层面上决定（权衡）如何取舍选择，以及在什么时机放弃。

选择：真的多多益善吗

"顾客买果酱"实验是希娜·亚格尔教授最著名的研究之一。[2]实验结果表明，柜台上摆放24种果酱时，60%的顾客会上前品尝；而摆放6种果酱时，只有40%的顾客会上前品尝。

---

1 Adner（2012）.邦訳は私とＫＢＳのゼミ生が担当しました。
2 アイエンガー（二〇一〇）二二六～二三〇ページ。

但是故事到这里还远没有结束：摆放 6 种果酱时，30% 的品尝者最终购买了果酱（即全体顾客的 12%）；而摆放 24 种果酱时，购买比例仅为 3%（即全体顾客的 1.8%）。

也就是说，种类繁多的商品确实更能吸引顾客，但一旦到了购买的最后关头，选择过多反而会让顾客感到迷茫，难以做出决定。人们总是理所当然地以为选择多多益善，但这其实是尚未了解人性本质的肤浅观点。

日本将棋棋士羽生善治曾经在电视节目里讲过，自己年轻时总是逐一思考众多选项，但现在的他索性集中更多精力用于思考少数几个选项。

有多个备选项时，确实有可能找到更好的答案，可是我们的时间是有限的。如果我们一味追求更好的选择，就会坠入收益递减原理的陷阱。充分考虑各种可能性看起来十分完美，但实际上只不过是自我满足，而且可能会产生高昂的机会成本。

第 3 章我们曾引用过南场智子的论述，讨论分析存在的重要隐患，现在我们讨论的问题也与其中一点隐患息息相关。为了证明选择并非越多越好，我们常采用"波特五力模型"[1]进行行业分析。人们常说，对一个行业的认知过于狭隘会引发危机，例如，相机制造商和台式游戏机制造商的市场份额在不知不觉间就被智能手机抢走了。

于是，商家开始留意起潜在竞争对手。但问题在于，对一

---

[1] 波特五力模型，是由迈克尔·波特提出的。模型认为有五种力量共同影响某一产业，即同行业者的竞争程度、新进入者的威胁、替代品的威胁、供应商的议价能力和购买者的议价能力。——译者注

个行业的认知需要广阔到何种程度呢？对于游戏业务来说，注意到智能手机、线上游戏之后，又该如何应对社交网络？

虽然社交网络不属于游戏范畴，但如果玩家把以前打游戏的时间用在了浏览社交网络上，那么两者之间也相当于产生了竞争。《华尔街日报》曾经报道过类似的案例：互联网刚一出现，校外一条街的酒吧营业额立刻暴跌。麦当劳也是如此，它的竞争对手不仅包括其他汉堡连锁店和快餐店，甚至连牛肉盖浇饭连锁店和拉面连锁店也位列其中，更何况是便利店出售的盒饭和速冻比萨。沿着这个方向思考下去，需要提防的对手似乎无穷无尽。

诚然，充分了解一个行业，可以降低忽略潜在竞争对手的风险，但真的值得为此付出那么多的时间吗？实际上，我们必须学会在把握整体和局部深入之间切换自如。

为此我们应该如何行动？我认为，有三条标准可以作为判断的准绳。

第一，我们要铭记初衷。要清楚分析局势的目的是什么，考虑各个选项的目的又是什么。我们不是在逛街买衣服，逐一挑选只为了赏心悦目，寻找选项是一种手段，而非目的本身。

第二，我们要掌控时间和资源。分析和筛选是要消耗时间和资源的。诚然，事情越重要就越应投入更多资源，但也恰恰因为它非常重要，就更不能错过时机，更要避免夜长梦多、日久生变。前文引用的雅虎收购脸书的案例就是前车之鉴。

2014年，脸书仅仅谈判了两个星期就以190亿美元的价格成功收购了瓦次普，而当时后者旗下只有55名员工。消息一经公开，硅谷和华尔街为之震动，"价格太高了""太离谱了""果然就是人傻钱多"之类的议论甚嚣尘上。但结果是这笔交易很快就成了为数不多的经典案例之一。

第三，我们要明确自己是否已经满足了达成目标的最低标准。行为经济学，由1978年诺贝尔经济学奖获得者赫伯特·亚历山大·西蒙教授开创，其后芝加哥大学的理查德·塞勒教授再次因相关研究获得了2017年的诺贝尔经济学奖。在管理学界，行为经济学又被称为企业行为理论。这一理论有一个重要的概念——满意原则。

古典经济学基于理性人假设，认为组织和个体充分掌握所有信息，进而追求利益最大化。而行为经济学则认为理性是有限的，因此决策的关键在于如何满足最低标准。没有人能知道哪个才是最优方案，为了最优化而付出的努力也不可能逃离收益递减原理，因此，满意才是尽可能降低机会成本的不二之选。

考虑多种选择十分重要，尤其是在缩小选择范围，即"分散选择、集中投入"之前，要首先扩大选项数量，否则就很容易被眼前的选项牵着鼻子走，在不知不觉中付出了机会成本。

但同时，我们也必须牢记自己是在为了什么而做出选择，必须明确拓展选项和做出选择的标准，否则最终会迷失方向，到头来只得重新开始寻找自我，因为，连自己都不知道自己究竟想要做什么。

选择增多是一把双刃剑。这一方面提高了筛选出更优选项的概率，另一方面也加大了因取舍选择而带来机会成本的风险。

**选择的要点有三：铭记初衷；掌控时间和资源；明确达成

目标的最低标准。

同时处理多项事务造成的机会成本

效率是商业运转的命脉。众所周知，利润就是销售额与成本之差，所以成本占销售额的比重越低越好。投入的资产利用效率有多高（例如设备运转率），雇用的人员贡献了多少利润（例如生产率），这些成本都关系到公司的利润额，进而影响着企业中长期的发展。

但正如本书之前的结论，眼前的效率和中长期的利益未必一致。反过来说，战略性的决策可能会选择牺牲眼前的效率以提高中长期的利益和竞争力。然而，眼前的效率是眼前就能看到的，成果立刻就能见分晓；而中长期的利益则很难立竿见影。彼得·德鲁克曾有一言："每个决定都要冒风险：决策就是把当下的资源奉献给未知且未定的明天。"

正因如此，个人也好、企业也罢，无一不将目光锁定在眼前的效率上。对于个人而言，同时处理多项事务就是这一理念的最佳实践。在这个电子邮件满天飞、智能手机手中握、社交网络不停刷的时代，我们总是在收到一封新邮件后抓紧时间读一下，回复之后再顺便看一眼新闻，稍事休息之后再重新回到最初的工作中。

乍看上去，我们似乎在同时进行着多项任务，丝毫没有浪费时间。但这种工作方式实际上很难集中注意力。研究结果显示，工作一旦被邮件打断，平均要耗费 22 分钟才能将注意力重新集中到最初的程度，其中更有 27% 的工作者需要超过两个小时才能恢复。

尽管如此，工作人员一小时内切换电脑画面、检查邮件或者其他应用程序的平均次数仍高达 32 次。[1] 更令人震惊的是，一位普通的生意人一天之内点击、刷新手机的平均次数居然高达 2 617 次。[2]

看起来高效就是真的高效的逻辑是靠不住的。比如一份本该在会议开始前就完成的工作，却因为同时进行了多项其他工作而没有完成，所以只好第二天继续完成；但到了第二天，负责人员又需要重新回顾一遍之前的思路，再从停下的地方重新开始集中注意力，这样一来便会造成巨大的机会成本。

尽管这种工作方式也算得上是在工作，但这种只做表面文章、沉浸在自我满足之中的做法对生产毫无益处，公司的生产率甚至会被这种无形的成本拖垮。

但是，此时一定会有读者想起那位能同时开展 400 个项目的佐藤大先生，心里不禁疑惑，人家不是也成功了吗？

但如果我们仔细分析他的工作模式，就会发现他其实时刻都在提醒自己集中精力只做好眼前的工作。尽管承担了 400 个项目，但是他的心中只有其中一个，其余的 399 个项目都被他抛到了脑后。[3]

---

[1] ハーツ（二〇一四）。

[2] "'I lost it': The boss who banned phones, and what came next," *Wall Street Journal*, May 16, 2018.

[3] 佐藤（二〇一六）。

更有趣的一点是，正是因为他同时承担 400 个项目，所以才迫使他时时计算着工作速度，迫使他将工作排好优先级、提高工作质量。排列优先级的重要性我们放在后文讨论，但这个故事确实让我们重新体会了集中注意力的重要性。

同时处理多项事务看上去提高了效率，但如果将机会成本考虑进去，实质上很可能反而降低了效率。

"高效率"邮件沟通带来的机会成本

第 4 章曾经讨论过，"开会"二字已然成为集体生活中的一个贬义词。为了平息众人对开会占用大量时间，影响正常工作的意见，公司尽可能地提高开会效率：传达指示、提交报告都在电子邮件或者手机上完成；针对分散在全国各地的营业员们的会议，一般为电视会议或电话会议，尽可能省去召集所有人的麻烦。大量美国企业都采取了这类举措。

采取这类措施能够有效节省参会人员的交通时间和交通成本，同时将会议内容一次性传达给全体人员，省去了逐人、逐项传达的麻烦。

下面的公式说明了提高沟通效率的前提条件：在保证沟通效果不变的情况下，作为分母的沟通成本越低，沟通效率就越高。

$$沟通效率 = \frac{沟通效果}{沟通成本}$$

但在这个表达式中，我们更应该关注分子。从上面的公式来看，要想提高沟通效率（例如将一对一会谈改为邮件联系），就要在分子不变的情况下，使分母变小。

但事实有时并非如此。很多情况下，在公司拼命降低沟通成本的同时，本应保持不变的沟通效果，实际上却也跟着下降了，最终导致沟通效率不升反降，然而大家却依旧以为自己的沟通十分有效。

沟通的本质并非单纯的信息共享，而是加强传达人与接收人之间的理念共建。[1]

的确，电子邮件作为一种交流媒介，打破了传统的面对面交流、电话交流模式，为我们带来了诸多便利，总结起来主要有以下三点。

- 能随时随地发送并接收信息。
- 能一次性传递多条信息。
- 能越过组织层级建立联系。

第一个常见问题便与能一次性传递多条信息有关：无关紧要的邮件就像雪花一样飞来。对海量邮件进行优先级排序后，再一一进行处理的过程不仅浪费精力、降低办事效率，更占用了处理其他重要事务的时间。更严重的是，邮件堆积问题还暗中助长了同时处理多项事务的风气，导致员工注意力难以集中，而这也成为大量企业隐藏的病根和机会成本的源头。

然而，隐藏在邮件数量问题背后的更大问题则与能随时随地发送并接收信息有关。电子邮件能随时随地发送并接收，而这正是邮件的根本局限性和问题根源：邮件交流的对象完全可

---

1 詳しくは、清水（二〇一一）をご参照ください。

以不在现场，所以根本无法明确表达自己此时此刻的观点和态度；反过来看，对方阅读邮件后的想法如何、反应如何，自己也无从得知。

换言之，电子邮件作为信息共享的工具确实高效且完美，但作为沟通交流、理念共建的媒介，则有着致命的弱点。在组织成员意见不一的情况下，这一弱点表现得尤为突出。

阿川佐和子在其畅销著作《倾听的力量》中也曾讲过，邮件常常会激化矛盾，甚至可能使局面难以挽回。发送邮件时，人们很容易忽略不在场的、却也是真正要将自己的想法传递过去的收信人，转而关注自己想要表达的内容。一旦发信人开始逐字推敲起自己所写的内容、开始从对方的表达中咬文嚼字，就会忘记发送邮件的真正目的，转而变成以驳倒对方为目标。

这样一来，沟通交流、理念共建的效率便大打折扣。尤其是那些承担着战略实施重任的处长和部长，如果采取这种"时间紧张，日后再说""能发邮件，则发邮件"的行动方针，极有可能造成高昂的机会成本。

也正是因为问题的根源不易察觉，领导者总是一味指责对方（尤其是下属）"你根本就没仔细听我说话""要跟你说多少遍你才能听明白"却不采取实质性的改善措施。

为了配合战略实施，真正意义上的沟通交流必不可少。如此重要的任务，岂能等到有时间再说，岂可想着发封邮件更省事便草草了事？因为没有时间就不吃饭，最后一定会生病；就算早饭没有时间吃，午饭、晚饭也应该补回来。

企业的内部交流也是同样的道理。我在此希望各大公司，万万不可依靠推广连我（免费通信软件）或者脸书软件来活跃内部交流。

通过电子邮件进行交流，成本虽低效果却差，最终常常导致整体效用恶化。

由于这一恶化趋势不易被察觉，大家便经常将沟通不畅的责任强加于对方，导致组织内部恶性循环。

只顾着描绘前景造成的机会成本

翻开任何一本讲解领导者必备素养的书籍，几乎都能看到这样一则要求：清晰地描绘出企业前景，这样的传达能力十分重要。作为一名领导，如果无法明确地指出方向，就无法凝聚起自己的组织，带领每一位下属继续前进。

我也曾一直深以为然。然而卡洛斯·戈恩曾说过："所谓领导者，风格因人而异，但至少有两大能力是必备的，其中之一便是倾听的能力。"我在听到这句话后茅塞顿开。戈恩率领日产汽车进行改革，频繁出现在各大媒体上，他本人的作品也荣登畅销榜，完全称得上是一位具有强大传达能力的领导者。

一句话传达出去后，我们无法确定这句话是否真正感染了对方。究其本质，我们在交流过程中想要传递的并非空洞的文字，而是文字中蕴含的想法和意图。只有使用有感染力的方式，才能真正感染对方。听过对方讲话，尤其是听过顾客意见或员工发言之后，如果我们没能成功领会对方的想法和意图，就不可能给出富有感染力的回应。

单纯的发声远远算不上是真正的交流。我们还需要深思自己所说的话在对方心中会激起怎样的化学反应。只有带着这份预判去倾听对方所言，才能开启真正的交流。戈恩还曾说过："风趣的言论人人都能听得进去，但只有能耐住性子倾听无聊之事，才算是具备了倾听的能力。"

雅虎公司有开展一对一会谈的传统，即上司和下属之间定期举行正式的一对一谈话。起初，管理部门也曾对此表示怀疑，认为如此大费周章没有必要；也有很多人提意见，认为交流固然十分重要，但大家都有紧急的任务需要处理，所以很难确保有时间开展这种交流活动。

然而，会谈进行过几次之后，上司开始逐渐了解到下属心中一些不为人知的想法，领悟到"啊！原来如此，原来你是这么想的"。任天堂的前社长、已故的岩田聪在生前也曾追忆起类似的经历：他在三十几岁时曾担任 HAL 研究所（日本电子游戏开发商）的社长，当时研究所正经历着一场管理危机。他和每名员工进行了面谈，倾听他们的想法，这时他才发现居然有这么多事情自己从来都不知道。于是他开始重新思考：如果自己没有主动去找下属谈话，他们是不是就不会说出这些心里话？[1]

一对一会谈带来的更深远的影响，在于让上司意识到倾听下属意见的重要价值。对此，雅虎公司的领导之一、ValueCommerce

---

[1] 「社長に学べ！——第一〇回面談はこんなに大事なのか！」『ほぼ日刊イトイ新聞』二〇〇五年三月一四日。

的 CEO 香川仁曾有过如下评价[1]：

> 上司心中已经有了定论，所以才会表达出来。下属也清楚这一点，自然就会认为即使自己发表了意见，也毫无意义。正因如此，在一对一会谈开始时要请下属先发表观点——即便会谈的形式依然是开会。
>
> 通过这种安排，即使是那些从来都不发表意见的员工，也会表达出"我想做哪份工作"之类的想法。上司听后有时甚至会很震惊，"这个人原来有这样的想法啊"。作为上司，虽然了解过下属的未来规划，但也仅限于自己的那些得力干将，却从来没有听取过每一个人的规划。一对一会谈，让我们有机会倾听这些意见，了解下属的崭新一面。

作为一名领导者，描绘前景、指明方向，这本身并没有错。但这样一来，上司很容易自以为是，觉得自己明明这么努力却不知为什么得不到下属的理解。人们在发表自己认为正确的言论时，往往会高高在上，想当然地认为对方之所以不理解是因为他没有认真去听。

然而，接收指示的下属却并没有真正领会上司的意图。于是，只能依靠自己的揣测继续工作，然而时常因为得到的不是上司想要的结果而被责骂。下属感到恐惧，自然不敢发表自己的见解。在这种情况下，再怎么指责自己的员工全都不动脑筋

---

[1] 本间（二〇一七）八四页。

也都没有意义了。对上司也好、下属也好、组织整体也好，这样的过程只会带来高昂的机会成本。

这种成本不易被察觉。就这样，在不知不觉间，公司逐渐走向了下坡路。

领导者在描绘前景、指明方向时，只有善于倾听，才会使自己的论点感染下属。

不去倾听、只是填鸭式地向下属灌输自己心中的前景和指令，不仅毫无效果，还会降低效率。员工噤若寒蝉，隐形的机会成本就此增加。

效率和机会成本

同时处理多项事务也好、发送成堆的邮件也好，之所以看似高效、实则机会成本高昂，根本问题在于这种机会成本不易被察觉，从而导致工作偏离了最初的目标，扰乱了优先级顺序。

换言之，同时处理多项事务也好、发送成堆的邮件也好，表面上看来的确像是在干活，但实际上早已被这些繁杂的事务牵着鼻子走了。在公司组织中，将达到目的的手段变成目的本身是极其常见的问题，而这正是前述各种现象产生的根本所在。

由这一问题导致的所有同样的，甚至更严重的机会成本，产生的过程几乎相同：某人需要完成一些工作，于是他开始思考怎样才能提高工作效率。然而，不知不觉间，他不再思考提高效率的方法，而是开始贪图省事，进而失去了再接再厉的雄心壮志。这种贪图省事的动机，就和前文提到的管理细则愈加烦琐的原理相同。

请读者回忆一下前文列出的关于沟通效率的公式。当时我们给定了一个（其实是错误的）假设：作为分子的沟通效果是恒定不变的。同样道理，在讨论普遍的、某一行为的效率概念时，我们也会首先固定该行为的效果（即分子一定），再讨论如何短时间、低成本地达到这一效果（即分母最小化）。

如果单从提高效率这一目的本身出发，提高分子也不失为一种重要选择。但每当人们提到"效率"二字，大家的目光就会立刻聚焦到分母上。的确，对于大量常规工作而言，效率越高越好。

然而，我们身边还常常见到另一类工作：我们不清楚这类工作是否有必要做，也不清楚其目的所在；虽然我们不知道这类工作有什么意义，但是因为大家都在做，而且从古至今一直在做，所以我们也要这么做。这就是组织惯性。

对于这类毫无意义的工作，即使再怎样绞尽脑汁提高效率，最终也毫无意义。然而，有的公司依旧看重提高没有意义的工作的效率。

这样做只会导致一个后果：员工毫不质疑自己手上的工作。因此，领导者再怎么命令员工动脑思考，也不会有任何效果。一个人对当下的工作都毫无质疑，就更不可能激发起其创造未来的能力。在这种情况下，与其逼迫他写一千份策划报告，还不如让他早点回家睡一觉。

在这种体制下，全公司三方联合上演了一场关于机会成本的闹剧。演出的主角不仅有策划报告的创作者、策划报告的审核者，还有毫不吝惜溢美之词、大肆赞赏旗下员工的企业管理者。而这些企业管理者之所以赞美自己的员工，只是因为他们苦心孤诣、把策划报告写得漂漂亮亮，然后展示给全公司的人看。柴田昌治在他的著作《多多招揽有头脑的员工》中这样写道[1]：

> 员工在努力工作时，不自觉地就会产生自己确实是在踏实做事的心理暗示。其中的问题在于，虽然员工此时已经失去了最宝贵的思考能力，但他心里依然觉得自己是在踏实做事。人性的弱点就是容易贪图安逸，如不倍加小心，就会安于现状。

我在与日本消费生活协同组合的代表理事本田英一交谈时，他总结过一句话："因循守旧最危险，变革创新最可贵。"简单来说，就是因为因循守旧、墨守成规是不需要动脑思考的，而只有在改变现状时，这个人才是在真正动脑思考。虽然"变革创新最可贵"这句话可能有些绝对，但是为给人才培养指明方向，暂且也只能如此简单地概括了。

企业在合并收购业务中，常常会通过提高效率、降低成本的方式，促进短期发展。管理学中有两大课题：对现有资源的挖掘式创新和对全新领域的探索式创新。我们持续注意到，管

---

[1] 柴田（二〇〇九）一一六ページ。

理者常常过于关注前者；然而如何实现双元创新[1]，仍然是一个巨大的课题。

我反复强调，股东们追求的是立竿见影的收益，因此管理者在不知不觉间很容易受制于对现有资源的挖掘式创新。

欧力士集团前 CEO 宫内义彦在访问庆应义塾大学经营管理系时曾说，"泡沫经济破灭后，日本的企业管理者开始全力缩减成本"。他的讲话内容具体如下：

> 为了给社会带来新的价值，我们需要创新。想创新，就要冒风险。换言之，企业存在的意义，就是接受风险、启动创新。因此，企业的管理者不应全力缩减成本。缩减成本是财务部部长和总务部部长的职责，而非社长的职责。

我反复强调，领导者应该做的是创新，除此之外别无其他。缩减成本、结构重组、分散选择、集中投入等一系列琐事，都不会催生出创新。各位意图创新的读者，从今以后请谨记我的这一劝告。

当然，这并不意味着我们可以无视效率。著名的管理者杰克·韦尔奇曾说过："没有哪家公司是因为大刀阔斧削减成本而倒闭的，只有因为削减成本时间太迟、规模太小而倒闭的。"但是，管理者应当时刻警惕机会成本，思考自己的时间分配方式和资源分配方案是否对公司的长远发展最为有利。

---

1 Tushman and O'Reilly Ⅲ（1996）；Gibson and Birkinshaw（2004）。

如果我们过于关注提高效率，很容易就会忽略提高效率的根本目的。

墨守成规、因循守旧是不动脑思考的表现。

管理者的首要任务是提高分子，即提高沟通效果。

第 07 章
担心、后悔与机会成本

完美主义与机会成本

有这样两句谚语：完美是优秀的敌人，优秀的敌人是更优秀。意思是说，追求卓越是没有尽头的，自己明明已经做得很好了，却因为追求完美而妄自菲薄，反而不能充分利用现有的成果。

道理虽懂，但大多数人，尤其是那些已经成功了的生意人，依旧在竭尽全力追求完美。原因之一，是他们秉承史蒂夫·乔布斯"永不妥协"的理念，憧憬着、追求着让这一理念开花结果。他们担心如果自己止步于优秀，很快就会被竞争对手赶上。越是卓越的人才、越是优秀的组织，就越是甘愿付出加倍的心血。

然而，"完美"二字是很难定义的。现实情况下，如果你只是跟着感觉去判断自己是否已经做到完美，很有可能永远也无法达到自己所追求的境界。

此外，另一个问题是追求完美时造成的机会成本。根据第6

章提及的收益递减原理，同样是提高 1%，从 99% 提高至 100% 所需付出的投资和成本要远远高于从 90% 提高到 91% 时。如果我们止步于 99% 转而投入其他业务，往往会获得更高的收益。现实虽然如此，但大家却都在苛求最后那 1%。这种对完美的"苛求"固然看起来很好，但实际上很有可能仅仅是在自我陶醉。这就类似于第 5 章表 5.1 中的收尾心态。某种程度上讲，这也属于承诺升级现象。

仔细想来，完美主义者多半依然沉浸在校园时代的成功经验之中，不能自拔。学校里的考试是有机会拿到 100 分的，而且从 90 分提高到 91 分和从 99 分提高到 100 分，需要付出的心血并无太大差别。

然而在现实世界里，没有哪个人能给一件事物打出 100 分。退一步讲，就算一件商品在今天从各个角度看都是 100 分，也无法保证明天它依然能拿 100 分。如此说来，追求完美的结局，只可能是自我沉醉在越努力就会越成功的幻想里，徒增成本、徒劳无功，终究只会一事无成。

1637 年，即距今大约 400 年前，笛卡儿在其著作《谈谈方法》中阐明了中庸的重要性："在那些有同样多的人接受的看法中，我总是选择最合乎中庸之道的。这样做，一方面是因为这种看法永远最便于实行，既然偏激通常总是坏的，大概这也就是最好的看法……"此外，笛卡儿还提出了"第二条准则"，尽管鲜为人知，但足以发人深省[1]：

---

1 デカルト（一九九七）三六 ~ 三七ページ。

我的第二条准则是：在行动上尽可能坚定果断，一旦选定某种看法，哪怕它十分可疑，也毫不动摇地坚决执行，就如同它十分可靠一样。这样做其实是在效仿森林里迷路的游人，他们绝不能胡乱地东走走、西撞撞，也不能止步于原地，必须始终朝着一个方向尽可能笔直地前进。尽管这个方向在开始时只是偶然选定的，但也不要因为细小的理由改变方向，只要前进，即便不能恰好走到目的地，至少最后可以走到一个地方，这总比困在森林里面强。

我明白了这个道理，从那时起，我就不再犯后悔的毛病。我不像意志薄弱的人那样反复无常，一遇到风吹草动就改变主意，今天当作好事去办的，明天就认为是坏的。

在一个组织中，追求完美在一定范围内具有可行性，也符合大家的期望。但实质上，与其说是在追求完美，倒不如说是在追求局部最优化。然而，从组织整体的资源分配角度考虑，比起追求现实中并不存在的完美，安于中庸、践行满意原则、达到令人满意的最低限度，才能更好地实现整体最优化的资源分配。

完美主义属于局部最优化，容易产生机会成本。

安于中庸、践行满意原则，即可实现整体最优化的资源分配。

"上保险"：一种机会成本

对于身处组织之中的个人而言，完美主义思维还蕴含着不愿犯错、不愿失败的想法。他们对失败的恐惧，使他们明明有能力做到，却不肯冒险、不愿挑战——这真是一大机会成本。现实中存在很多这样的组织，一方面宣扬着培养人才的重要性，深知一个人的成长不在于完成力所能及之事，而在于完成力所不能及之事；另一方面却又不允许自己的员工出现丝毫失误。

的确，有些低级错误是绝对不能犯的。但是想要激励员工勇于挑战，就要允许他们失败。话虽如此，一边喊着"大家向前冲！"却又一边叫着"只许成功，不许失败！""必须盈利！"如此胡乱指挥的领导者依然大有人在。领导者嘴上不明说"不要去挑战"，不代表下属体会不到这层含义。如此一来，领导者却又开始抱怨"我们公司的年轻人一点进取心都没有""都是一群废物"。

不愿犯错的心理还会引发"上保险"的习惯。这种习惯有很多外在表现：我们常看到政治家或者电视评论员为了不被人抓住话柄，而在讲话时故意含糊其词。例如，受害者被斩首而亡，报道却描述成：我们怀疑这是一起杀人事件。

在不知听众人数、不明听者底细时，确实很难确保没有人会对自己的讲话内容吹毛求疵。但明明属于同一个组织，有的领导者却依然讲话含混不清，令下属感到不知所云。如果成功，功劳就都是自己的；如果失败，责任就都是下属的。

在这样的组织里，无论成功也好、失败也罢，功过是非都模糊不清、可以任人曲解。成功了便冒出无数人争相邀功，失败了大家便互相推诿；整个组织不仅丝毫不像前文提到的亚马逊公司一样勇于面对冲突，更丝毫不重视杰克·韦尔奇强调的坦率，意识不到自己造成的机会成本。

"上保险"还有一种表现，就是旗帜不鲜明。尤其是在人数众多、高层出席的会议上，如果直抒己见，虽然有可能得到称赞，但也有可能不幸踩雷，惨遭"枪打出头鸟"。

根据卡尼曼教授的展望理论，人们在权衡可能的收益与可能的损失时，一定会更在意可能的损失。所以在上述情况下，人们会选择保持沉默。等到主基调已定，即使自己心里并不同意，表面上也可以假装附和。

举办一场会议，之所以召集如此众多的人员前来参加，如果不是单纯为了走个流程，那就是为了让不同的意见相互碰撞，从不同视角观察同一课题，最终探索出一个更完善的解决方案。

正因如此，近来人们开始倡导多样性：参会人员背景多样、提出的意见多样，这两点十分重要。如果人们都保留自己的意见，只盯着台上的意见和风向，开会就失去了意义。对此，哈佛商学院的艾米·埃德蒙森教授提出了"心理安全"的概念[1]，意在强调创造一个人人敢于畅所欲言的环境有多么重要。

前文曾经讲述过亚马逊的 14 条基本行动准则，这些准则放之四海而皆准，并且向我们揭示了与其他公司拉开差距的机会所在。"见风使舵"这四个字，深刻揭露了人类社会，尤其是日本社会的问题本质，而且越深入思考越能发觉问题所在。

"上保险"的第三种形式是留有缓冲余地。做事留有缓冲余地，就能降低失败造成的影响，并且尽早采取应对措施。例如，

1　Edmondson（1999）.

父母常常告诫孩子，考试当天要早点从家出发。留有余地，便能保存实力应对不测和失败，最终将不利影响控制到最小。

然而在组织中，真正留出缓冲余地却很难。通常情况下，组织将余地视为浪费，而非缓冲，会尽可能缩减余地以提高效率。术语"紧耦合"正是描述了这样一种现象：日程安排得满满当当，各种资源也按照允许范围内的最高效率运转；然而一旦某处出现了丁点儿问题，便会引发雪崩式的灾难。

在企业生态体系中，一旦某间工厂发生火灾，相关企业的生产线就要全部停掉；首都的通勤早高峰也是如此，一旦哪里稍稍出现问题，波及范围将会被无限放大。如何在高效率与强缓冲之间寻求平衡，是管理中的一个严峻课题。

日本社会过于苛求的不犯错误，虽然为人们营造了良好的生活环境，但同时也造成了相当高昂的成本。

政治家和官员稍有失言之处，就必须引咎辞职；轨道交通晚几分钟，就必须反反复复地播放广播、不停道歉。

我旅居美国时，曾经发现信用卡账单上出现不明消费，于是便给银行打电话投诉。对方虽然也讲了"抱歉"，但仅此而已，附带问了一句"错误之处已经更改，请问您是否满意"。

如果同样的事情发生在日本，出错的公司甚至会手捧礼品盒，低声下气地上门致歉。

另外，为了防止这类错误发生，日本人会实施多道检查程序、设立多重保障。尤其是金融部门，自家的自动取款机稍一停止工作，就要向金融厅报告，随即招来对方严厉的斥责。其实，这种小事完全可以由顾客自行与银行交涉，而金融厅则应负责处理比这更重要的事项。更何况这类错误造成的影响是否与预防错误耗费的成本相称——这一点同样令人怀疑。

"上保险"不仅是个别组织的问题，更是日本社会整体的问题，因此亟须引起大众关注。然而，鉴于各大媒体也都出于保险起见，每天播报的新闻众口一词，我们也就无法寄希望于媒体来改变现状了。

上保险能够对冲失败的风险，但是预防失败、过度致歉反而会耗费成本，最终抬高机会成本。

后备方案的问题所在

"上保险"的另一种形式，是提前准备好后备方案——B方案。

B方案在应对突发事件时十分管用。例如，A公司的工厂发生火灾时，可迅速切换至B公司的工厂继续生产。在制订各种计划时均是如此：如果没有针对原方案无法正常进行的情况做足准备，一旦原方案失败就没有了替代方案，大家就会不知所措任由事态升级。

然而研究表明，准备后备方案会导致原方案的成功率降低。[1]问题的原因并不在于准备后备方案会占用资源，而在于后备方案会使人懈怠，给人即使原方案失败了也还有补救措施的幻想。

在实验中，参与者思考着后备方案，仅仅不到十分钟，他们对原方案的投入意愿便已经大幅下降。我们都了解背水一战

---

[1] Beard（2016）.

这个典故，正如明茨伯格教授所说，全身心投入一件事时焕发的活力，远远超过人们的设想。

第5章曾经讲过美国西南航空公司的案例。西南航空开创了廉价航空业务，并且从一开始就立下规矩，即使飞机延误也拒绝支付旅客的酒店住宿费用。这样做不仅压缩了成本，更能使公司员工时刻保持紧张感。因为他们一旦工作失误导致航班延误，就会给旅客造成麻烦。

在 DeNA 公司收购职业棒球队时，公司创始人南场智子面对种种非议，始终保持着绝不逃避的姿态，对外彰显决心，对内安抚人心。成功应对这场风波后，南场智子说过这样一段话：

> 一旦上了保险，公司就会士气大跌，收购球队就不可能成功了。[1]
>
> 在将讨论好的方案传达给执行团队的全体成员时，必须展示出坚定的信念：我们只能这么做，而且我们一定做得到。明明此时心中充满了彷徨和恐惧，但只要我们将这些情绪全部藏在心底，团队的成功率就会大大提高。大家都明白一个道理：一个内心坚定的团队，一定比一个犹豫不决的团队更能攻无不克、战无不胜。然而，要想彻底领会、贯彻落实这一道理，则需要经过时间的考验。[2]

1　『日本経済新聞』二〇一六年一一月二六日。
2　南場（二〇一三）二〇四ページ。

当然，这并不是告诉大家不要准备后备方案，关键问题在于应当在何时、由何人拿出后备方案。实验表明，在竭尽所能、努力过后再拿出后备方案，同时该方案由平行团队保存，这样做能将后备方案带来的不良影响降至最低。

前文曾经讲过，人们都有先拿到手再说的心理，而"上保险"也与之类似。然而，买保险是要缴保险费的，"上保险"也是要付出机会成本的。我曾经读过一篇文章，文章说如今在美国家电市场，亚马逊公司已经做到一家独大；但在这片市场，卖家已经不再靠家电本身获利，而是靠延长保修等保险服务提高利润。

保险这门生意，实在是太容易赚钱了。只要轻轻说上一句"万一呢"就足以使一个人、一个组织心思松动——哪怕保险的成本远远高于回报。然而，上保险看似是在求安稳，实际则是在求危险，因为这样一来，就丧失了领先别人的机会。

如果领导者在一开始就摆出后备方案、流露出犹豫之色，团队的工作积极性便会下降。

第08章
人尽其才与机会成本

人尽其才的现实真相

许多年来,社会上涌动着一股思潮,认为只有做自己真正想要做的事,人生才能获得幸福。在这股思潮中,人们纷纷高呼"追寻自我"。很多年轻人费尽千辛万苦进入一家公司,却没有被分配到自己想做的工作、没有属于自己的业余时间,或是没有受到上司的关注,于是便立刻辞职走人。就这样,他们不停地更换工作,却一直在吹嘘"我只不过是还没有拿出真本事罢了"。

反过来,从雇用方的角度讲,虽然他们提倡以人为本、人尽其才,但又有几家公司能底气十足地说自己真正做到了呢?很多公司打着"充分利用优秀人才"的旗号,把所有人才集中到同一个部门。的确,这些人才在这个部门里做的可能是 A 级工作,但如果去了其他部门,他们说不定能做 A++ 级的工作。

后文我们将讨论到这样一类领导者:他们一边倡导多样性,一边却以无法融入团队为由,将手下那些敢于直言犯上、经常提出异议的人才"打入冷宫"。如果人尽其用的标准就是领导者觉得这个人好用，毫无疑问，这将产生巨大的机会成本。

人尽其才绝非一个简单的课题，原因在于：不同公司的价值观念、发展方向、发展战略各不相同，公司的用人标准也就不同，因此，哪怕是同一位人事部门负责人，在不同公司所要完成的工作内容也不尽相同。第 6 章和第 7 章曾经讲过，如果我们摒弃完美主义、遵循满意原则、做到适可而止，便能降低机会成本，但这并不意味着，我们不必再努力完善人尽其才的用人体制了。

有一家名为"林肯电气"的公司，尽管很少在媒体上出现，但在美国顶尖 MBA 高校的毕业生之中，这家公司几乎是无人不知、无人不晓的，甚至连哈佛商学院也已经持续关注了这家公司几十年。

林肯电气公司的特点是对职工实行彻底的计件工资制，既没有带薪休假，也没有婚丧事假。据称，该公司之所以能够比肩通用电气等大公司，在业界保持绝对市场份额，正是因为员工在生产率方面保持着绝对投入。正因如此，许多企业争相模仿推行计件工资制，但不仅没有取得正面效果，甚至还造成了危害。

究其原因，彻底推行计件工资制只是成功背后诸多因素的冰山一角，只是绽放在外的美丽花朵；只有将制度背后的公司战略、企业文化、高层领导的付出以及与战略和文化相适应的人才录用模式全部结合起来，才能通过计件工资制提高生产率，然而那些尝试失败的公司却恰恰忽略了这些背后的原因。

凡是与人相关的问题，就会在看不见的地方暗藏着诸多关键变量。如果只去模仿那些看得见的部分，就无法取得成效，最终只是白白浪费资源。

人尽其才的评判标准是什么？

就业满意度

首先，让我们思考公司员工眼中的人尽其才和追寻自我。

的确，在很多情况下，员工自己想要做的事和公司要求员工做的事并不完全吻合。就连声名赫赫的杰克·韦尔奇，也在自传中写道：当年他收到通用电气的诚挚邀请后加入了公司，但是不到一年，他便深感公司官僚气息严重，而且自己并没有得到公正的评价，于是开始认真考虑换一家公司工作。

在《财富》《福布斯》发布的"最佳雇主榜单"中，波士顿咨询公司、高盛集团等著名企业常年位居榜首。可是，在这些大公司中，员工入职的前几年里，如果单从工作时长的角度评价，就和黑心企业如出一辙。前几年过后，员工便面临着不升职就辞职的抉择。然而即使员工选择了辞职，凭借在波士顿咨询公司或者高盛集团的工作履历，他们几乎都能再找到一份很好的工作，因此也不必担心。

找工作是人生的头等大事，因此求职者必须收集公司信息、积极参加招聘说明会、与公司前辈交流，经过再三权衡，再选择合适的岗位。如果没有找到理想的职位或是没有进入理想的岗位工作，那么比起进入一家自己不能接受的公司，还不如成为一名自由职业者。(不知是近来劳动力不足的缘故，还是公司推行工作方式改革的缘故，我最近已经很少能听到"自由职业者"这个词了。)也有人认为，没有必要为了给公司卖命而扼杀自我。

希娜·亚格尔教授在《选择的艺术》一书中，讲到了一个关于就业满意度的实验[1]。美国和日本一样，很多人在找工作时也会收集公司信息、咨询职业规划师的意见、参加招聘活动。实验分别对两类应届毕业生进行了就业调查，其中，一类学生采取了一切方法进行客观分析，而另一类学生则只是随随便便地找工作。调查结果可想而知：认真求职的学生获得的企业录用数量更多，年收入平均高达 44 500 美元，远高于草率求职的学生，而后者的年收入平均仅为 37 100 美元。

然而，尽管如此，那些采取了一切方法进行客观分析的毕业生，也并不确定自己的选择是否正确，而且对自己工作的满意度也很低。

对于这一现象，亚格尔教授的解释是：幸福不能仅仅靠数字衡量，员工的心理感受也很重要。但我则从这一现象中观察到了完美主义的巨大影响。也就是说，学生参加的招聘活动越多，就越发期待会不会有更好的职位出现，就越发坚信自己不能满足于现状，于是内心的焦虑便越重。

一个人了解到的信息越多，自然就越发怀疑现在所从事的是不是自己最满意的工作，并在这种怀疑中越陷越深。

1　アイエンガー（二〇一〇）一六六～一六七ページ。

讨论到这里，我想起在美国与一家连锁餐厅的老板聊天时，他曾经说过这样一段话："一位熟知这个行业的律师告诫我，绝不能因为取得了一点小成绩，就想着把自己的饭店做大做强。多数餐厅都经不住扩大规模的诱惑，总想着增加店面数量、增加菜单种类，进行一些根本不划算的投资，结果以失败告终。"

为了追求完美，收集到的信息越多，就越会感到不安，而且会越陷越深。

应变型战略

现在的根本问题是，追寻自我究竟是否真的可行？我在美国时，曾经与一家大银行的人事负责人进行过交流。当时他说，"应聘的人放出豪言壮语，说自己就是为了进入银行工作而生。但是，连我自己尚且都不敢有这样的断言，更不知他们是从哪里来的这份自信"。

在很多日本企业中，人事部部长也表达过类似的不满："'学习刻苦，在体育社团做过志愿者，出过几次国……'每个人的经历千篇一律，每个人的叙述也都千篇一律。"

如果大家阅读过《日本经济新闻》的《我的履历书》栏目，就会意识到很多受访者的经历恰恰相反。在这些人当中，很少有人在起步之初就笃定"我就要做这个"；更多管理者只是碰巧进入这家公司，或者是实在没有别的地方可去了。然而，他们却在这里发现了自己的价值，为社会做出了巨大贡献，最终成长为著名的管理者。

例如，2018 年 2 月，《我的履历书》报道了良品计划公司前董事会会长松井忠三的经历。松井忠三曾因参加学生运动而被逮捕，因此无法实现自己的理想——成为一名教师。直到毕业的关口，他的工作仍然没有定下来。当年，大荣公司在流通革命[1]中独领风骚，松井忠三去应聘，却无奈落选；他想着，去不成西边的大荣，那就试试东边的西友，[2]于是参加了该公司的录用考试。尽管人事部部长评价他应聘本公司的动机不足，但依然录用了他。进入公司后，松井忠三勤恳努力，终于一展身手。

2017 年 5 月，该栏目报道了东方乐园株式会社董事会会长兼 CEO 加贺见俊夫的故事。当年，加贺见俊夫很晚才开始参加招聘活动，只得在仅有的几家铁路公司中选择了自己家乡的京成电铁公司，原因是自己在初高中的六年时间里一直乘坐这家公司的火车上学。然而应聘时，他被问到了很刁钻的问题。他原本已经做好落选的心理准备，没想到却被录用了。后来，加贺见俊夫为东京迪士尼乐园的成功发展做出了巨大贡献。

2017 年 7 月，该栏目还报道了日本碍子公司的特别顾问柴田昌治的故事。柴田昌治当初的第一志愿是进入银行，而他日后的经历比其他人更加传奇。报道原文是这样描述的[3]：

---

[1] 流通革命，发生在日本，始于 1962 年，指随着生产和消费的扩大，在能实现大量流通、降低流通成本的商品流通部门（如超市、物流等）发生的巨变。——译者注

[2] 大荣公司起家于日本关西，西友公司起家于日本关东，故云。——译者注

[3] 「私の履歴書」『日本経済新聞』二〇一七年七月七日。

当时，我留意到一则新闻：日本碍子公司的野渊三治副社长在专栏中直言："名古屋大学法学系就是日本左翼势力的老巢。本公司从今以后，永不录用该专业的毕业生。"联想起之前兴业银行对我说的那些话[1]，我对这种歧视某些大学、歧视某些专业的行为感到十分愤慨。的确，我们专业确实有很多教授和学生是左翼分子，但也有和我一样对政治不感兴趣的人。

我心想，我必须跟他们理论清楚。于是我参加了录用考试，大胆闯进了日本碍子的总公司。野渊副社长走了出来，劈头盖脸就是一阵训斥："你摆出这副架势，还不算是左翼分子吗？"

正当我垂头丧气回到家时，电报到了——上面写着"同意录用"。那个年代，大学毕业生就业困难，所以学校就业中心是不允许学生放弃录用通知的。于是我向兴业银行解释了情况，我的工作便这样轻而易举地定了下来。后来，我才从秘书处主任那里得知录用我的真实原因：这个孩子虽然目中无人，但把他招进来陪吉本社长下下围棋也挺好的。[2]

这个栏目的故事，我们就先介绍到这里。

---

[1] 这段叙述的前情是：柴田昌治本人即毕业于名古屋大学法学系。他的父亲在日本兴业银行有一位熟人，他提醒柴田昌治："日本兴业银行属于东京大学的派系，所以对你而言很不利。如果你能接受的话，我可以推荐你来工作。"——译者注
[2] 柴田昌治同时也是一位围棋名将，从名古屋大学毕业时，已经获得了业余围棋三段。——译者注

我们在这本书中已经多次提到，麦吉尔大学的明茨伯格教授提出的著名的应变型战略。第 2 章曾讲过，我们不可能制订出一份万全的计划，因此必须灵活地加入自己在摸索当中掌握的情况，使战略的制定过程与实施过程相互补充，而这就是应变型战略。

可以说，人的职业生涯也是如此。大家都钟情于让事情按计划前进，但我们在制订计划时，经验和知识十分有限。按照这样的计划度过一生，不仅毫无趣味可言，更会错失许多难得的机会。卡洛斯·戈恩也有相同的观点，因此他强调计划不能做得太过分。

只强调追寻自我却不付诸行动，就不会产生应变型战略。没能预见因此痛苦，没有预见反而快乐，这两种感受只有一线之差，却都能使人生变得更加厚重。

日本传说中有一种名为"觉"的妖怪，它拥有预知未来的能力，但却因此而百无聊赖。没有什么比可以预见的人生更加单调乏味的了。因此，卡尔·维克教授和南场智子都认为，比起做出良好决策，将已经做出的决策变成良好决策同样重要，甚至更加重要。

追寻自我，要付诸行动。行动过后，要抓住机会。

公司：在追求人尽其用中迷失方向

我们经常会从管理者口中听到这样两句话：一句是"广泛选择，集中投入"，另一句是"组织之中，以人为本"。一个组织的竞争力，很大程度上取决于组织内部聚集了怎样的一群人。

因此，招揽优秀人才、留住优秀人才、利用优秀人才十分重要。而且在全球性竞争、技术竞争甚至在产业边界逐渐消失的多技能对抗进程中，这一重要性正在提升。

近年来，劳动力不足已经成为世界性趋势，人工智能技术人员尤为抢手。据说，只要取得相关专业的博士学位，就能在谷歌等公司轻松拿到超过 3 000 万日元的年薪。

那么，既然经营环境正在经历巨大变革，人才选拔方式又该如何与时俱进呢？为此，许多公司细心钻研对策，但也有不少公司依然沿用 30 年前的那一套标准，简单来说就是"三件套"——学历（包括在校期间经历）、笔试和面试。他们认为，应聘人数越多，出身名校的人数越多，就越能选拔出"优秀人才"。

但事实真的如此吗？

既然说 30 年来一成不变的做法不对，那么搬出下面这套 60 年前提出的定律就更不合适了，但我依然认为，这套"帕金森定律"[1]确有其合理之处，其中一条定理如下：

> 必备的从业资格一样不差，手里拿着漂亮的推荐信，想要从 300 名这样的应聘者中选拔出唯一一名，这根本就不现实。所以说，一开始发布招聘信息的方式就有问题——原本

---

[1] パーキンソン（一九九六）八三~八五ページ。

就不应该吸引到如此众多的应聘者。

招聘信息发布后,最完美的效果就是只有一个人前来应聘。所以一旦应聘者多于两人,就说明招聘方开出的条件太优厚了。

这条定理尽管不足以和"帕金森琐碎定理"[1]相媲美,但也值得大家深入思考。在伊贺泰代 2016 年出版的《麦肯锡效率手册》[2]一书的开头,也讲述了相同的内容。

自己公司的卖点在哪里?如果自己的公司勉强跻身业界三流甚至更低,却和一流企业招揽同一类人才,这真的是好事吗?真正的招聘,并不是大批招揽应聘者,而是聚拢符合预期数量的预期人才。因此,如果应聘人数众多,反而说明该公司没有明确勾画出自己预期的人才特质。

应聘人数众多固然也有些好处,但是会导致公司人才选拔标准不清、流于俗套,常见的后果有:人才学历虽高,却不适合本公司;本公司主营服务业,但很多人厌恶服务业务……很明显,这种情况已经是人未尽其用了。

吉姆·柯林斯在《从优秀到卓越》一书中指出,很多公司"录用了不该录用的人,而且依靠制度和说教,向他们强行灌输努力工作的动机","这种无用的制度,反而会使原本有干劲儿

---

[1] 「議題の一案件の審議に要する時間は、その案件にかかわる金額に反比例する」。ご興味のある方は、パーキンソン(一九九六)または、清水(二〇一六)をご参照ください。

[2] 伊賀(二〇一六)序章。

的优秀人才心生厌恶、辞职离开"。[1]

与之相反，真正有远见的公司会明确提出严格的价值标准，严格筛选录用的人才，只允许合适的人才上车。这些公司认为，"人才是企业的宝贵资产"这句话并不正确，确切的说法应该是"只有合适的人才才是自己的资产"。

还有人直言，"人才录用，人品为先"。例如爱丽思欧雅玛公司的董事会会长大山健太郎，在和我班上的学生进行座谈时，讲过这样一段话：

> 爱丽丝欧雅玛公司录用应届毕业生，有三大标准：第一是人品，第二是意愿，第三才是能力。人品差的人并不多，所以大概八成的人都能通过第一关。那些真正渴望进入公司的人，工作意愿更高；而那些只是把这里当作保底选择的人，工作意愿很低——这一点也不难理解。能力，只是最后一个环节。然而，大家通常都是反过来操作的，即首先举行筛选考试。但即使一个学生从某大学毕业、录用考试分数很高，也无法反映出他的人品之优劣、意愿之高低。很多人有能力但没有工作热情，这就已经让组织很头疼了；但更令人头疼的是，有些人能力也有、热情也有，但人品太差。这种情况超乎想象，但确有发生。

---

[1] 原題は、Good to Great。二〇〇〇年に出版され、いまだに売れ続ける世界的なベストセラーです。コリンズ／ポラス（一九九五）二〇三ページ。

谈到人才选拔，我们必须讨论一种新型录用模式：公司巧借"成批录用，成批离职"这一现象，不是在录用时进行人员筛选，而是在录用后开始淘汰。

诺德斯特龙百货公司，总部位于美国西雅图，以其有口皆碑的优良服务闻名于世。据说曾经有一位顾客带着轮胎前来要求退货，尽管诺德斯特龙根本不出售轮胎，但依然毫无怨言地接受了退货要求。在这样一家公司，据说每过一年就会有约半数的新员工辞职。

发生在诺德斯特龙公司的现象绝非个例：前文提到的林肯电气公司，以及在汽车保险领域飞速发展的美国前进保险公司，还有在美国钢铁行业独占鳌头的纽柯公司，都是在员工入职的第一年至第二年间的离职率奇高，过后才会逐渐下降。对此，吉姆·柯林斯如此评价[1]：

> 那些有远见的企业，会明确勾勒出自家企业的性格、存在的价值和远景目标。因此，如果一名员工不符合本公司的严格标准或者缺乏力争满足公司标准的意愿，他的职业生涯势必将难以为继。

员工辞职会造成负面影响，在日本尤为如此。不过，对于一家有抱负的公司，员工在入职的前一两年间发现自己无法适应，实属正常现象。优秀的人才过早辞职确实令人遗憾，但要

---

[1] コリンズ／ポラス（一九九五）二〇三ページ。

怪也只能怪缘分未到。

反过来讲，如果一家公司的人员缺乏流动性，就说明这家公司氛围轻松、人人均可胜任。这样的公司，在大环境良好时尚能生存，一旦竞争形势变得严峻，公司前景必将十分令人担忧。在诺德斯特龙、纽柯这样的公司，员工只要不喜爱自己的工作，就无法继续工作下去。因此每名员工都奋发图强、每名员工都为自己的公司感到骄傲，公司也因此从竞争对手中脱颖而出。

对于公司而言，录取员工、留住员工只是维持公司存续的重要方法，绝非最终目的。如果连公司管理层自己都忘记了真正的目的，对自己采取的用人制度不论优劣、一概而论，甚至忽褒忽贬，就会造成无法估量的机会成本。

录用人才时，应聘者蜂拥而至，未必是好事；员工日后辞职走人，也未必是坏事。

插上"多样性"这双翅膀，是否就一定能够起航

近来，要求提高多样性的呼声一浪高过一浪，主要体现在以下两方面：其一是充分利用女性劳动力（"利用"二字是否得当，我们姑且不论），其二便是推行国际化。不仅要在公司职员和管理层中提高多样性，同时也要提高非执行董事的成员的多样性，如此种种，不一而足。

我们究竟为什么要提倡多样性？这个问题的答案大概只有一个，那就是为了充分听取不同声音、不同意见，为今后开展

国际化业务做准备，进而激发组织的创造力。

例如，日本经济产业省曾评选出"最新 100 家多样化管理型企业"，并向它们授予"经济产业大臣奖章"。在这场评选中，经济产业省对多样化管理的定义如下：

> 多样化管理是一种充分挖掘多种人才、为他们提供能够最大限度发挥个人能力的工作机会，进而激发创新、创造价值的管理模式。
>
> 为了提高日本企业未来的竞争力，多样化管理堪称一项必备战略，而且是一项有效战略。

政府如此热衷，企业又如此提倡，因此没有人愿意在他们头上浇一盆冷水。然而，人们忽视了两个问题。第一个问题是多样性的成本。关于这一点，读者可以参阅我的作品《领导的准则》[1]，书中对这一问题的讨论十分详尽，在此不再赘述。

第二个问题，也是一个不易被察觉却十分重要的问题，就是多样性是通过何种方式对创新起到推动作用的，这其中的因果关系尚不明确。我反复强调，多样性只是一种手段，其最终目的是创新。诚然，在谢丽尔·桑德伯格发起的"励媖运动"[2]、"我也是受害者"运动当中，多样性也实现了另一个目标，即折

---

1 清水（二〇一七）の第7章「大事なことは面倒だ」（2）——「人」は特に面倒だ。図14の「会話」と「対話」の違いにも注目してください。
2 英文原文为"LeanIn"，直译为"向前一步"，但译者认为"励媖"这个译名音意兼备，更佳。——译者注

射出女性和其他少数群体饱受无端歧视的社会问题。但这属于另一话题,不在此处的讨论范围之内。[1]

一方面,麦肯锡和波士顿等咨询公司主张,多样性能够显著推动创新。这两家公司通过数据,证明了多样性和企业业绩之间存在相关关系,因而得出结论:提高多样性十分重要。[2]

准确地讲,波士顿咨询公司的报告是这样写的:"我们得到的最重要的一条结论是发现在管理团队的多样性与总体创新性之间存在着高度且统计性显著的相关关系。"

图 8.1 摘自麦肯锡咨询公司的一份研报。

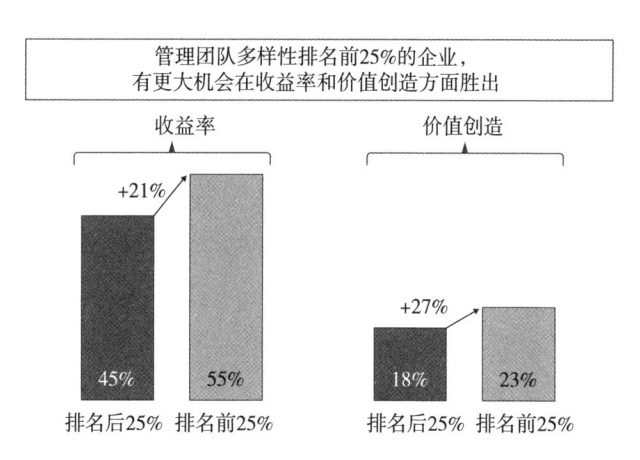

图 8.1 多样性带来的效益

管理团队多样性排名前25%的企业,有更大机会在收益率和价值创造方面胜出

收益率:排名后25% 45%,排名前25% 55%,+21%

价值创造:排名后25% 18%,排名前25% 23%,+27%

资料来源:Devillard et al.(2018).

---

1 "Five Years of Leaning in," Business Week, March 8, 2018, pp.50-57.
2 Devillard et al.(2018);Lorenzo et al.(2018).

这份报告并无根本性错误，但的确会造成误导，因为相关关系和因果关系根本不是同一个概念。麦肯锡的这份报告十分严谨，直陈："的确，存在相关关系并不意味着存在因果关系，部分学者也反对通过直觉，对多样性和企业业绩进行因果关联。然而，麦肯锡和其他公司通过反复调研，不断加强了这一关联的可靠性。"这份报告措辞十分微妙，尽可能令自己公司的研究结论能够自圆其说。

克莱顿·克里斯坦森教授撰写了一篇论文《企业主管们在坚持己见的同时，为何需要注意管理理论？》。我经常在庆应义塾大学经营管理系外国交换生的课程讲授中引用这篇论文。

克里斯坦森教授在这篇论文中强调一点：切勿将相关关系和因果关系混为一谈。作者将许多人的失败经历归结为同一类原因：误将"鸟有双翼，且能飞翔"的相关关系，当作"凡有双翼，定能飞翔"的因果关系。在管理界，只学习成功企业的外在特点（即相关关系），而不学习他们成功的内在根源，而引起的失败案例数不胜数。

此外，权变也是十分重要的一环。所谓权变，是指在衡量一套理论、一条策略的有效性时，必须明确该理论（策略）在何种条件下成立，在何种条件下不成立。克里斯坦森教授指出，迄今为止，之所以各式各样的管理方式昙花一现，就是因为对权变考虑不到位：某一管理方法付诸行动后，刚遇到一点点小挫折，就被定性为不可行。

这一点并不难理解。将管理层中女性占比较高是否有益这一问题放到钢铁制造业和日用品制造业，得到的答案将会完全不同。然而，我们在讨论提高多样性时，常常会忽略许多重要的观察角度，而仅仅强调那些显而易见的效果。

那么，我们应当如何避免这一问题？

让我们回归根本，思考多样性与我们的初衷——创新或者说是业绩之间的因果关系。这一关系如图 8.2 所示。很明显，世界上并不存在"所有组织都适用，所有问题都有效"的万能药，因此，每个人都必须结合各自组织的实际情况加以权变。

图 8.2 多样性是激发创新、提高业绩的起点

总而言之，多样性绝非万能良药，充其量只是解决问题的起点而已。反过来说，如果不能提出丰富的意见、不能开诚布公地交流，即使公司的管理层和员工中女性和外国人的比例再高，也没有任何意义，只是在浪费优良的资源，徒增机会成本。

另外，如果一个组织将过去的成功经验奉为金科玉律，对自己所信奉的人提出的意见顶礼膜拜，组织里人人噤若寒蝉，那么在这样的组织里将无法产生多样性。人人察言观色、见风使舵，是迫使组织潜力消耗殆尽的典型诱因之一。进一步讲，即使众人提出了各种意见，但假若每个人的价值观各不相同，最后的结局便只能是真理对抗真理，意见无法统一。

著名剧作家、导演平田 ORYZA 曾发表过这样一段评论[1]：

如果你在欧洲工作，就会发现，即使是针对一些极其细小的事情，当地人也会尽情讨论。许多艺术家远赴海外（他们的才情甚至可能远超于我），却未必能增长才干。其中缘由在我看来，恐怕就是他们无法忍受这种长时间的对谈切磋。仔细分析舞台艺术领域中跨国合作演出的各类失败案例，不难发现，来自日本的许多艺术家都无法忍受长时间的对谈切磋，因此最终失去耐心，选择放弃。

每当我们邂逅一种新的价值观，都应当鼓起勇气、不卑不亢地面对，从中不断挖掘值得借鉴之处。然而想要做到这一点，（对日本的孩童一代来说）仅仅依靠说教是不够的。我们还需要让孩子们了解，反复进行这种长时间的对谈切磋，能够体味到怎样的乐趣。

多样性的重要意义原本在于扩大总面积（即提高最小公倍数），然而反观现实情况，却往往是在最大公约数的限度内进行讨论。这样一来，不但失去了多样性的意义，而且一旦持有不同价值观的人加入组织，大家便会自然而然地抱怨"又来了一个烦人精""又来拉低我们的效率了"。

我们一直强调团队力量、部门间协作的重要性，而且已经强调了几十年，但是并没有产生任何效果，原因就在于，大家

---

[1] 平田（二〇一二）一〇三~一〇四ページ。

都在避免形成直面彼此、直抒胸臆的对立局面，全部热衷于试探什么样的妥协方案能令双方都满意。这样做不仅不能和亚马逊这样的著名企业缩小差距，反而会将差距越拉越大。

在第 6 章和第 7 章，我曾提出，为了避免机会成本，我们应该力图满足最低标准，而非追求最大化。但是，这条结论的准确含义是：出于对多多益善的幻想，追寻无法确定是否真实存在的最大化，是一项十分危险的举动；这条结论并非告诉我们，应当去扼杀成员多样化赋予我们的业已存在的潜力。

最后，针对这些缺乏多样性的日本企业，还有两个更加根本的问题：企业是否真正树立起了共同的价值观？是否做到了上下团结一心？这也是本书反复强调的一点：企业是否真正确立了共通的愿景、目标以及判断标准。

乐敦制药公司董事长兼 CEO 山田邦雄曾经严正指出，"日本企业不仅人员同质化问题严重，而且每名员工各行其是"，"员工在公司里，张口全球化、闭口全球化，但在内心并没有接受全球化"。

那些咨询公司明明已经意识到了这些问题，却依然大肆推广多样性的重要价值，这样继续下去，结果也只能是他们的一厢情愿罢了。

我们甚至不知道，咨询公司是不是在打这样的如意算盘：很多公司听说提高多样性能激发创新、提高业绩，就稀里糊涂地投身于多样化建设，但结果不仅没有人提出丰富的意见，人们甚至不能坦率地进行讨论，企业创新性和业绩自然也就得不到提高，这时，就只能委托咨询公司出场了。

多样性只是激发创新、提高业绩的手段，只是整个流程的起点而已。

企业应当将更多精力放在多样化之后，针对各种各样的意见进行坦率的讨论。

延伸阅读2

经验之谈

如今，我在庆应义塾大学经营管理系任教。虽然现在看来，自己似乎生来就注定要做这一行；但在当初求职时，我丝毫没有想到，自己会在工作六年后，转去攻读MBA。

就连当年那份咨询公司的工作，起因也只是一个巧合：当时，我女友（如今已经成为我的太太）的表妹恰好在波士顿咨询公司做前台职员，她鼓励我说："咨询公司里有趣的人很多，不如你也来申请试试看。"于是，我就在对咨询行业毫无了解的情况下，一边在大学上课，一边撰写了一份应聘书，投给了波士顿咨询公司。出乎意料的是，我居然受到了好评：尽管在面试时，我被人批评不懂商业、头脑简单，但到了八九月份，我还是收到了录用通知。

这之后，我兴高采烈地参加了在高档烤肉店举行的入职欢迎会（我记得一共有五个人），结束后又跟着大家去了位于六本木的夜店进行了第二场庆祝。但是，我当时的志向其实是进入传媒行业。要问我为什么这么想，其实也没什么明确的理由。当年，泡沫经济刚刚开始，就业市场完全属于卖方市场。在那种情况下，我总觉得去银行或者政府工作不是太好的选择，因此选择了传媒行业，总体来说就是排除法得出的结果。

当年的那些经历，在如今看来都难以想象。当时，有一家新闻社的笔试时间是11月初（我当时是本科四年级），11月下旬发布了录用通知，于是我打算推掉波士顿咨询公司的工作。我还记得，当时井上猛带我去逛了日本桥的一家商店，据说漫画家佐藤幸一也经常光顾此店。日后，井上猛也成了梦想孵化器公司的社长。

当时，我已经有意入职那家新闻社，但之后又从我那位做前台职员的妻妹口中得知，包括我当时的面试官吉越亘在内的十名员工，集体从波士顿咨询公司辞职，创立了一家新公司。[1] 我和吉越亘日渐相熟，他也借品尝美食之机邀请我一起聚了两三次。后来有一次，我们来到如今已经被拆除的赤坂王子酒店附近的一家酒吧。当时是夜里两点钟，各务茂夫、石井光太郎、富山和彦等五六位前辈围坐在我周围。突然，有人说了一句："清水，和我们一起干出一番事业吧！举起香槟，让我们干杯！"

不久，析道管理咨询公司约我见面，我便立刻起草了一

---

1 这家新公司即作者日后入职的析道管理咨询公司。——译者注

份信函，告知之前那家新闻社我决定放弃入职。我至今还清楚地记得，起草、签名用的都是泽田宏之当场递给我的一支钢笔。

说我是荒唐可笑也好、意气用事也罢，不管怎么说，在加入析道公司后，我开始涉足战略咨询领域，并且通过这些从业经历对MBA产生兴趣，进而攻读了哲学博士学位，选择在美国的大学任教，而这一切，都始于当时的那个决定。

吉越亘经常强调"缘分"二字，而缘分要归结于偶然。但是，我至少能够确定两点必然：第一，现在的这份工作十分适合我，而且我也十分满意，堪称一份命中注定的工作；第二，如果当初没有加入析道公司，我就不会找到这份命中注定的工作。

当我还在美国时，曾写下了这样一段话，赠送给析道公司的后辈[1]：

> 我在公司成立约两个月后就加入了析道，那一天是1986年4月1日。我放弃了外资系咨询公司的录用，放弃了新闻社的录用，自愿投身刚刚成立不久的析道，就是因为我当时坚信没有我做不到的事，有着一股天不怕地不怕的自信。
>
> 20多年过去了，时至今日，回想起当初在析道度过

---

[1] 現在もＣＤＩのウェブサイトにあります（https://www.cdi-japan.co.jp/recruit/cdi/ob）。

的时光，眼前浮现的，全部都是快乐的往事。然而，仔细想来，我在析道的十年时间里，95% 的经历都充满了遗憾和惭愧，甚至用屡战屡败来形容也一点都不为过。最开始那无知的一年自不必说，即使是接下来的若干年间，我每天也都承受着自信心一再崩溃直至粉碎的煎熬。

如今看来，20 年前我拥有的那份自信，绝大部分都来自考试高分、出身名校等一系列不切实际的光环。直到最后的两三年，我才重新拾起已经粉碎的自信心，直面真正的自我，取其精华、去其糟粕，挣扎着重新塑造起一份纯正的自信。这些经历支撑着我，让我下定决心重新成为一名学生，即使我有一个刚刚出生和一个正在上幼儿园的孩子需要照顾；这些经历也警示着我，即使已经被人尊为"师表"，也不可沾沾自喜、自鸣得意。

比起我在公司的那段日子，如今，析道已经声名鹊起。但是，如果你为名声而来或为奇技淫巧而来，我建议你不要加入析道；那些一旦自信被摧毁就知难而退的人，也最好另寻高明。但如果你无论身处何处都能相信自己，而且希望能更上一层楼，那么析道也许适合你。这里的前辈，有时会和蔼到让你为他赴汤蹈火也在所不辞，有时却也会冷漠到让你想要把他推进热汤烈火中，但是，他们总会给予你各种各样的帮助。

正如史蒂夫·乔布斯曾经所言,"你们不可能从现在的点滴看到未来,只有回首时才能看清来龙去脉"。相信有过类似经历的人一定不在少数。

当然,离开析道之后,我的事业也并非一帆风顺;恰恰相反,我的经历变得愈加坎坷。1992年,我满怀自信进入达特茅斯学院攻读MBA,因为,我不仅是东京大学的毕业生,更有着长达6年的战略咨询公司工作经验。然而在课堂上,我举起手被老师点名提问,但在回答问题时却不知所措——那是我人生中第一次大脑陷入一片空白。我甚至还被别人当作没有用的废物,不被其他的小组接纳。

1996年,当我辞去公司的职务,带着年仅4岁的大儿子、出生不满两个月的二儿子和刚刚产后不久的妻子,四人举家迁往得克萨斯州农工大学攻读哲学博士学位时,情况变得更加糟糕。单单是这一阶段的坎坷经历,恐怕足以写成一本书了。

很多人说自己在读MBA时,简直是在用生命读书。直到1995年以前,我也是这样以为的。但是,自从开始了博士课程,我才发觉自己其实一无所知。甚至,就连我拼尽全力在得克萨斯大学圣安东尼奥分校开始教职生涯之后,也继续着这样的生活,以至被人调侃是在每天从20个小时里,挑选出自己喜欢的工作时间。我咬紧牙关熬过了那段发不出论文就走人的残酷竞争时期,直至2006年获得终身教职,才总算是松了一口气。

这段经历被我写进了自己的日语作品当中：2007年，我的处女作《战略原点》一书出版。我在后记中写下了这样一段话：

> 自从闯入发不出论文就走人的美国高校教职角逐，至今已有7年。所谓发表，就是在学术期刊上发表论文。一篇论文创作完成后，要花费数月甚至超过一年的时间才能见刊，这毫不稀奇。论文终于写好，投稿后，作者就要开始"迎接"（通常是三位）熟悉本论文主题的匿名评审的刁难。从被评审们指责文章毫无新意、内容缺乏连贯性，到被挑出各种细致入微的问题，苦等数月到头来却只等来一句"不予发表"，这样的事情也已经司空见惯了。
>
> 面对评审的意见，有时需要一边强压怒火一边读下去，有时也需要一边因自己的不周之处沮丧懊恼一边读下去。读罢，作者又要花费几个月的时间重新修改再投到其他期刊，之后再被拒、再修改、再投稿、再被拒……可以说，我在这7年时间里（如果算上博士阶段，就是11年）一直在重复这个循环。我很幸运，目前为止已经有9篇论文通过了评审，被发表或者同意发表；但为了这9篇文章，我被拒绝发表的次数达近10倍。

在最初的三年里，我的论文发表之路十分艰难。而论文数量会直接影响教职考核以及终身教职的评定，也就是 6 年的试用期结束后，自己是否会被撤职（即所谓走人）。因此，每当我收到论文被拒的通知，便格外焦虑、格外消沉。也正是在那段时期，我认真阅读了安藤忠雄的《连战连败》，买这本书时，我仅仅是被标题所吸引，尽管我对作者从事的建筑领域一无所知。

有一点可以肯定，这段经历和我如今的工作——思考管理战略、教授管理战略，可以说是一脉相承的。归根结底，最重要的不是头脑中有没有好的想法，而是把自己的意图表达出来后，其他人是否认为这是一个好的想法。

因此，如果想要使他人真正理解自己，重点并不在于"枝繁叶茂"，而在于"根深蒂固"。然而，许多商人，甚至包括当年屡败屡战的我，都对"修剪枝叶"过于痴迷。

仔细想来，"树干""树根"所体现的，正是做事的目的和优先顺序。尽管这样说可能与乔布斯所言不符，但是，回首的环节只需放在最后，而当下要做的就是集中精力向前进，这样才能发现新事物，否则便会错失眼前的良机。

因此，我们在最开始时不应担心机会成本。现实世界里，正是在付出机会成本、反复摸索尝试的过程中，我们才能发现哪件任务在优先级排序中占据最重要位置。最后，让我们再次回顾笛卡儿提出的"第二条准则"：笛卡儿所采取的这一策略是否最为得当，我们无从得知；然而，与其让时间在迷茫之中流逝，还不如开始随意做些什么，这一点总归毋庸置疑。

第四篇

致力于将机会成本降至最低

有雄心壮志的人,会轻易坠入这样一个陷阱:他们会在不知不觉中,将资源集中分配给那些效果立竿见影的行动。

事实上,如果我们分析那些雄心勃勃的人的个人生活,便会发现他们也遵照相同的行事准则,而这一现象发人深省:尽管他们坚信,家人对自己至关重要,但他们肯分配给这些"最重要"的人和事的资源实则少之又少。

——克莱顿·克里斯坦森

第09章
优先顺序和机会成本

排列优先顺序的难点

我们已经从各个角度展开了讨论,归根结底,优先顺序的排列错误,是产生机会成本的症结所在。可能出于易于完成、引人关注或者担心被他人责骂等动机,大家更倾向投身于短周期课题,因为这样成果出得快又有成就感。

然而,这其中有两大陷阱。

第一,将有限的资源投入短周期课题(对现有资源的挖掘式创新),会占用中长期课题(对全新领域的探索式创新)的资源,从而产生机会成本。

第二,短周期课题能够迅速产生成果,导致组织越发重视短期效应。尤其是在面对不良结果时,组织往往会举全公司之力加以应对,然而业绩并无改善;此外,由于组织缺乏危机感,情况将会继续恶化。关于这一点,前文已经展开过讨论。

排列优先顺序如此困难的原因究竟是什么?

让我们回顾一下到目前为止的讨论结果。我们认为问题的根源是：比起目光所不能及的事物，目光可及的事物更能吸引人们的注意力，更便于人们投入精力。

于是，我们又要搬出这个常谈常新的关键问题——误将手段当作目的。甚至可以这样说：战略制定也好，数据分析也罢，企业并购、企业多样化等诸多问题，都与这一课题有关。企业并购、董事会和组织引进多种人才，都只是解决问题的手段，而不是目的。然而，大量组织有时甚至包括那些本应为这些组织指点迷津的政府部门和团体，都在极力鼓吹，将手段纳入关键绩效指标。

这种做法从某些角度讲，也情有可原。毕竟在很多情况下，目标都是中长期的，所以很难迅速产生效果。而且，"中长期"这三个字本身就暗含着些许积极的信号，因此一旦短期内出现赤字、遭受失败，大家就常常以"中长期"为借口。然而，日本企业之所以会跌入那失去的十几、二十年，这一点也正是原因之一。

但是，正如前文所说，我们不能因为情有可原，就单纯重视那些易于观察、易于观测的手段。这样做不仅徒增机会成本，更会由于大家并未意识到机会成本的产生，而导致情况持续恶化。举一个可能出现的例子：企业依靠多次结构重组，终于勉强恢复生机，于是开始讨论下一步的发展规划。可是，放眼望去，未来的支柱性业务、支柱性技术，却全部因为结构调整而荡然无存。

如图9.1所示，常见于史蒂芬·柯维的著作《高效能人士的七个习惯》以及其他各处。矩阵的左上角表示重要性、紧急性都很高的事项，自然需要迅速处理。大概没有哪家企业会在最重要的事项上判断失误（那些判断失误的企业已经被淘汰了，所以剩下的只有那些没犯错的企业）。

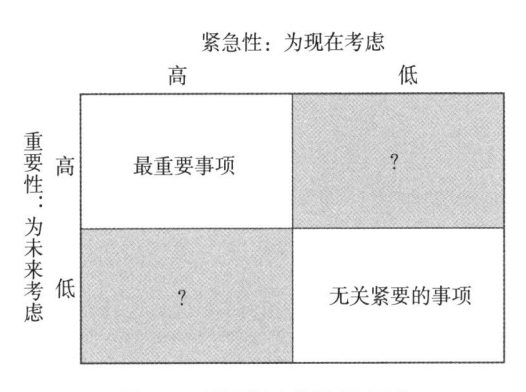

	紧急性：为现在考虑	
	高	低
重要性：为未来考虑　高	最重要事项	？
重要性：为未来考虑　低	？	无关紧要的事项

图 9.1 重要性和紧急性矩阵

问题集中在矩阵的右上角和左下角。有些事项原本应当依据重要性判断，却常常优先考虑了紧急性，引发了推后现象。例如在公司里，上司命令下属立刻准备一份材料，于是下属必须放下手头一切事务、迅速照办，但在很多情况下，这份材料仅仅是为了以防万一而准备的。

社长将要拜访一位重要客户，为此，下面的部长不仅要准备这个，还要准备那个，做了万全准备，到头来真正开会时却一样都没有用到。其中的原因在于，员工受制于"准备材料，以防万一"这类琐事，无法集中精力处理重要事宜，也无法相互传达重要事项，如此产生恶性循环……日本的年金问题、财政问题，具体情况也大抵相同。

但是，相对而言，这个问题尚且不那么严重，因为那些察觉到这一问题的人，至少还能意识到其中的严重性。真正严重的问题是，当事人不知道什么重要、什么不重要，将事情的重要性和紧急性等量齐观，在判断标准上就出现了错误。更可怕的是，他们当局者迷、尚不知错。

我反复强调，人们误入歧途的根本问题不在于误入歧途本身，而在于自己对误入歧途毫无察觉。而且一旦公司业绩不理想，这些人就会怪罪大环境不好、对形势的危机意识不足。

这样的管理层，并不能用愚蠢、可笑来形容，因为他们一本正经地相信自己是对的。也正因如此，他们所犯错误的性质才格外恶劣。

在分析优先排序问题时，需要首先考虑以下两点：

第一，向所有人统一明确判断标准：按照目的排列优先顺序（即重要性）；第二，视野必须宽广。至于如何实现这两点，后文将展开论述。

机会成本的根源在于优先顺序排列错误，原因之一在于误将手段当作目的。

然而更严重的是，许多人甚至都没有意识到机会成本的产生。

统一明确：行动目标就是判断标准

向所有人明确行动目标就是判断标准，这件事就像公司需要确立自己的愿景和使命一样基本，但也像公司的愿景和使命一样难以理解。

谈及公司的愿景和使命，常常提到的就是"对社会的贡献""全球""创新"。没有人反对这些概念，但也没有人真正理解这些概念。或许真的有人能够理解，但也都是仁者见仁、智者见智，每个人的解释各不相同。因此，针对行动的目标，大家是否真正理解、真正互通，这个问题值得怀疑。

当然，针对同一目标，可以从公司、部门、科室或者整体项目、个体任务等不同层次理解，不同层次之间无法相提并论。但是有一点可以肯定，即无论是科室、项目还是个人，只要他们都隶属组织，最终定会殊途同归——实现组织的目标。正如本书在开头部分曾经讲过的，考量机会成本，就是考量制定决策的准则和价值观。

为什么大家的目标不能一致？

本书的主题，就是揭示众人常常注重的目光所及之物和手段，而在不知不觉间忽视了难以发觉的关键，即行动的目标。进一步讲，正是因为大家以为目标的重要性人所共知，无须多言，所以才缺乏鞭辟入里的讨论。

略有离题，下面言归正传。让我们阅读强生公司的企业信条，这一信条相当于其他企业的使命宣言。原文略长，删减后仅保留与优先排序相关的部分[1]：

> 我们的信条
> 我们相信我们首先要对病人、医生和护士，对父母亲以

---

[1] ジョンソン・エンド・ジョンソンウェブサイト（https://www.jnj.com/credo）。

及所有使用我们产品和接受我们服务的人负责……

我们要对世界各地和我们一起共事的同人负责。我们必须将每一位同人视为独立的个体……

我们要对我们所生活和工作的社会，对整个世界负责……

最后我们要对全体股东负责。企业经营必须获取可靠的利润……

这一信条之所以著名，原因之一在于，信条将医生、护士、父母亲以及所有顾客置于首位，而将日本企业通常重视的股东收益置于最后。尽管如此，强生公司依然以其骄人的业绩和稳定的财务结构而闻名。世界上获得AAA评级的公司仅有两家，另一家为微软公司。

大企业的使命宣言原本无人关注，然而，这一信条之所以能够闻名于世，缘于1982年发生的镇痛药泰诺胶囊掺毒事件。

当时，强生公司在接到《芝加哥太阳报》的质询后，当即公开了相关信息并警示消费者（据说相关报道总计超过12万条，堪比约翰·肯尼迪总统遇刺），同时将涉案的3 100万瓶药品全部回收，占全公司销售额的17%；同时公司决定，为已经购买药品的顾客提供替代品。据说，这些行动成本总计超过一亿美元。

事故造成七人死亡，舆论普遍认为泰诺完了，而泰诺的市场份额也由事发前的37%猛跌至7%。尽管如此，凭借顾客至上的公关处理，同时推出全新药品包装，仅仅两个月后，泰诺市场份额重回 30%。风波过后，强生公司的员工（连同所有利益相关者）切实感受到，顾客利益至上并非场面话，而是真心话。

很多人都有过这样的经历：高高在上的社长、只关心销售定额的上司对自己说一百遍顾客至上，也无法产生共鸣；但只要顾客对自己说一句谢谢，那份感激之情便难以忘怀。

我曾和学生们共同执笔撰写案例集，其中有一家 Gunosy 公司，从事网络人工智能和算法开发，如今已经成为上市公司。[1] 谈及 Gunosy 的管理之心，年轻的 CEO 福岛良典反复提到的一个词，既非网络也非技术，而是"顾客"二字。

"所谓管理，就是做出能够提高顾客满意度的决策""员工的上司不是部长、不是社长，而是顾客""决策应优先符合顾客利益，而非符合社长意见"……虽然 Gunosy 公司的业务领域本就易于获得顾客数据，但他们基于顾客数据进行每项决策，并将这条准则深入全体员工内心的程度，依然令我印象深刻。总而言之，比起目标与标准的存在与否，是否统一目标和标准并且将其深入推广同样重要，甚至更为重要。

统一目标的最快方法，就是尽可能明确目标、不厌其烦地进行关于目标的交流、尽全力确认目标。尤其是在落实层面，员工很容易默认彼此早已清楚工作目标，因此在传达信息时，仅仅传达流程和任务。然而，是否真正理解了工作目标，会直接影响工作的效率和效果；如果没有真正理解工作目标，也就不可能发现比原计划更好的工作方法。

---

[1] 「株式会社 Gunosy」慶應ビジネス・スクールケース教材、二〇一七年。

因此，从这个角度讲，统一目标不仅涉及机会成本问题，它更是一项极其重要的因素，能够促进组织最大限度地发挥自己的力量，实现既定战略和计划。对此，我提出了图9.2所示的交流金字塔模型。

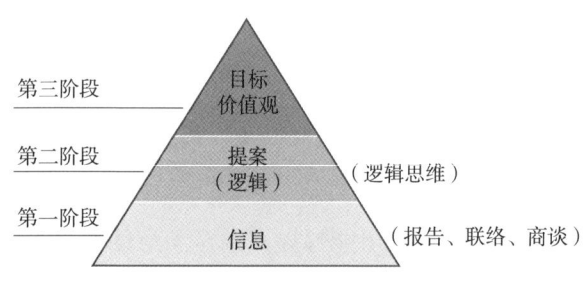

```
                    ┌─────────┐
                   │  目标    │
第三阶段 ─────────│ 价值观  │
                  ├───────────┤
                 │   提案     │
第二阶段 ───────│  （逻辑）  │ （逻辑思维）
                ├─────────────┤
               │              │
第一阶段 ─────│    信息      │ （报告、联络、商谈）
              └───────────────┘
```

图9.2　交流金字塔模型

资料来源：清水（2011b）第153页。

除此之外，另一个重要的因素就是表达。尤其是一些抽象的表达，大家以为自己已经理解了，但想要统一所有人的理解，实际是十分困难的。换言之，只有把目标吃透，才能统一所有人的理解。为此，必须令员工对目标充满体验感，提供可观、可感的具体实例。

我在庆应义塾大学经营管理系指导学生撰写硕士毕业论文时，有一条宗旨：避免泛泛而谈，决不一概而论。许多学生在研究企业时，总是一概而论，试图归纳出大量抽象的经验教训，以求在不同行业、不同规模的企业中普遍推广。学生的这份雄心壮志可以理解，但在归纳普适性结论的过程中，使用的抽象管理术语越多，得出的结论就越空洞——例如顾客至上、避免盲目自信等。

不仅如此，论文也好、小说也罢，都应当仔细刻画具体细节，叙述方式生动可感，能够再现作者的原始体验。只有这样，读者才能吃透文章所传达的经验教训，文章才能最终得到认同。

东京申奥展示策划的一大功臣尼克·瓦尔利曾经莅临庆应义塾大学经营管理系，给同学们上了别开生面的一课，课堂内容由日本放送协会的《白热教室》电视栏目播出。这堂课的题目是"如何令海外游客感受到日本的美好"。

经营管理系的学生组成队伍，纷纷登台展示。而在点评时，尼克·瓦尔利讲到了一个关键词——想象。他常说，"请想象一下"。尼克·瓦尔利认为，语言华丽、图表精美、幻灯片精致固然重要；但归根结底，台下的听众脑海中能否浮现出一幅游览日本的画面，能否想象出观光行程中的每一分感动，才是策划展示的全部意义所在。我对此深以为然。

在讨论经营战略时，人们常说，"首先思考自己向往的未来是什么样的，再从那里出发，向前回推"。这一方法不仅适用于管理者个人，而且适用于整个管理层，需要团队中的每一位成员对问题的把握大致相同。

然而，由于管理层多样化程度逐渐加深，上述方法变得难以实现。而且随着团队成员数量的增加，大家再听到那些"假大空"的目标时，都只会左耳朵进、右耳朵出。最严重的情况是，战略讨论变成了传话游戏，每个人都对团队目标肆意曲解、偷梁换柱。大家将实现目标的手段奉为金科玉律，却上下一心，全部转过头去追求那些背离初衷的关键绩效指标。

我反复强调，无论目标多宏伟、梦想多美好，如果不能与其他人产生共鸣、不能营造出一种体验感，就无法激发出斗志和热情，去实现这些目标。于是，大家或受制于手段，或受制于关键绩效指标，或受制于章程规定，或受制于工作时长，最终被迫停止思考。能让人产生共鸣、带给人体验感的，可能是小事或是身边的事，甚至只是一些琐碎的事，但也总归要有具体细节。换言之，员工开始理解自己所做工作的真正目的，很有可能就是因为上司的一个小举动，或者是无关紧要的一句话。

设计师佐藤大在与漫画家松井优征对谈时曾说过[1]，自己设计理念的基础，就是藤子·F.不二雄老师提出的"小吃惊"。所谓"小吃惊"，并非惊天动地的大事，而是从日常生活中一些稍稍偏离正轨的小事中提炼出快乐。虽说只有从穹顶向下俯视才能看得清楚这个世界，但哪怕只是自己身上的一点小事，也能够折射出这个世界。

如果目标不可感，就不可能令所有人体会到其中的真正内涵。

组合管理与权衡利弊

在第 1 章中，我们分析了权衡利弊的两层含义。第一层含义是权衡分配当下资源，即在权衡过后决定将当下有限的资源集中于何处。反过来讲，也就是在多种可能性中，权衡决定舍

---

[1] 松井·佐藤（二〇一六）。

弃哪一选项。第二层含义是权衡规划当下与未来：即使某一业务现在正面临赤字，但公司也决不割舍、决不放弃；即使某一业务现在正在赢利，但只要未来前景有限，公司也会选择把它卖掉，将资金用于培养或维持其他前景光明的业务。要想权衡利弊，自然要先看清眼前有哪些选项。每个选项都各有特点，例如，有的选项高风险、高回报，有的选项低风险、低回报。在决定如何取舍之前，要首先纵观全局，这种思维方式就是组合管理。

也就是说，要厘清机会成本，就必须先厘清在当下直至未来的时间轴上，都有哪些选项可选。刚刚发现一个选项就贸然行动，固然也有成功的可能性，但多数情况下，这种做法只能叫作眼界狭窄。

但是，如果继续搜索更多选择，指望着多多益善，往往也会过犹不及，这一点前文也已经讨论过。总而言之，权衡过后必须下决断，但决断的前提是先从广阔的视角理解每个选项。

组合管理不仅能够降低机会成本，而且对于提高每一项决策的质量，也十分关键。对于一个组织而言，如果只有一项战略、一个项目可供选择，那么即便反响不良，也只得继续投入、力求成功，别无他法。

然而，如果将每项战略、每个项目的决策割裂进行，逐一分析成败、考虑应当继续投放多少资源、判断何时才应放弃，如此一来，决策难度会大大提高。在一个组织里，一切决策都相互关联。正因如此，如果把资源分配问题置于企业战略的核心位置，就不能孤立进行每项决策、单独评估各自的前景，而应当纵观全局，相互比较多项决策、多个项目，这样才能接近整体最优。

即使某一战略实施不畅，也不能否认其在未来尚有成功的可能性；即使某一战略大体实施顺畅，但如果有其他前景更好、效果更佳的战略和项目，也应当增加资源投入；相反，如果某一项目结果不理想，又没有其他有希望的项目，那也只能继续坚持这个项目了。

正如本节开头所讲，包括企业、机关在内的各类组织，只有从全局组合的角度考虑，才能评判某一决策是好是坏。然而近年来，日本的很多组织无视这一前提，白白浪费了时间，问题严重，令人担忧。

在进行组合管理时，人们通常考虑的都是现阶段的各种选项，但同时也应当放眼未来。组织里的每项决策都牵一发而动全身，所以从中长期角度看，不可能依靠单独一项决策便掌控全局。

进行某项决策过后，如果后续决策失当（例如，决定前项决策如何实施），那么即便前面的决策再英明，也无法充分发挥效果，甚至可能会弄巧成拙。不孤立看待一项战略、一个项目，而是思考此次决策将为后续带来多大价值，这样我们不仅能够从更广阔的层面评估这项战略，而且一旦需要转换战略，我们也能降低不确定性和阻力。前文讨论过的实物期权，就践行了组合管理的理念，而且能够积累管理经验（当然，实物期权也是有局限性的）。

举个例子，下面我们考虑企业并购失败的情形。如果管理者（或并购负责人）认为这场并购只有这一次机会，那么他一定会鞭策自己不许失败。因此，即使业绩出现下滑，他也会有意无意地向好的方向解释，并且会继续投入，赌将来一定能成功。

但如果管理者认为并购的机会将来随时都会再有，那么即使此次并购失败，也不妨把它当作一次为日后积累经验的良机，并牢牢抓住。关于这一点，来自哈佛商学院的加里·皮萨诺教授在为庆应义塾大学经营管理系做顶尖报告时也曾强调，抓住学习机会对持续创新非常重要。这样，管理者或许就会甘愿选择放弃，而不是强行收购目标公司。

商业世界需要组合管理思维，日常生活也是一样。售房广告就是一个典型案例：售房广告经常将"稀有"作为卖点，吸引购房者"这是千载难逢的好机会"……这类广告词往往真假难辨。一旦楼市不景气，我们就会发现，之前自夸的那些稀有房源，现在居然遍地都是。

但是，即使确实是稀有房源，购房者也应当考虑，该房源是否具有投资前景。只有秉持组合管理思维，纵观今时明日，才能同时对当下的业绩和未来的前景有更加理性的认识。

不单独针对某一事项孤立进行决策，而是在一套完整的组合中比对分析，才能达到整体最优。

通向广阔视野

为了使机会成本降到最低，并使任务优先级排序适应组织整体，进而逐步靠近整体最优，我们必须从现在和未来两个时间维度上进行组合分析，做出战略抉择，权衡利弊。所谓"广泛选择，集中投入"便是如此；体育比赛中的混合式滑雪这类项目也是一样：兼顾各种不同类型的课题，往往是管理的难点，但同时也是乐趣所在。

> 有蚂蚁的勤恳，有蜻蜓的视野，但更要有人间的温情。

这句话是我的领路人、析道咨询管理公司创始人、已故的吉越亘先生多次引用的一句话，原句出自濑岛龙三[1]之口。[2]公司成立后，吉越亘先生撰写了第一期对外公开的《公司简报》。在这篇文章中，吉越亘先生首先引用了濑岛龙三的那句名言，紧接着发表了这样一段关于咨询行业的见解。

> 谋划管理战略，基本要素有三：其一，要像蚂蚁一样，勤勉踏实地行动；其二，要像蜻蜓一样，拥有如同复眼一般的视角，从我们咨询公司这些第三方的角度，从客户企业的管理层的角度，从对手企业的角度，从市场的角度（如果涉及消费品，就从消费者的角度）全方位观察；其三，要回归人性，平衡战略全局，完成各种判断。

---

1 濑岛龙三，第二次世界大战时曾任日军大本营作战参谋，战后任伊藤忠商事会长。——译者注
2 ＣＤＩウェブサイト（http://www.cdi-japan.co.jp/column-news/page/9/）。

一个组织要想做出英明的决策并且精准实施，一方面，包括领导者在内的全体成员均须充满自信；另一方面，所有人也必须直面现实、内心保持谦虚。这两点要求方向相反，但必须同时兼顾。

斯坦福大学的两位教授，杰弗瑞·菲佛和罗伯特·萨顿曾经引用过这样一则案例——《充满智慧的领导》，讲述了斯坦福大学第一位获得终身教职的女性弗朗西斯·康利教授的故事。[1] 康利教授曾接诊一名恶性脑肿瘤患者。她在与手下的神经外科医生讨论病情时，坦率地陈述了每项备选方案的优劣之处，并且坦言自己也不确定应当如何治疗。然而，在面对患者时，康利教授和她的团队虽然承认病情十分严重，但他们依然充满自信地告诉患者，已经为他制定了最完美的治疗方案。

之所以前后态度反差如此之大，是因为康利教授强调，患者的心理状态对维系生命十分关键。治疗的第一方案，就是维持患者的求生信念，令患者内心有所寄托。可以说，在战略的决策和实施中，这一点同样意义重大。在一位一切以保险起见、言辞含混不清的领导者所领导的团队中不可能涌现出勇于挑战的下属。

在这则案例的结尾，菲佛和萨顿两位教授写道："管理者能从这则案例中获得明确的启示：私下里，你可以表露困惑，感到迷茫，充分认识到自己知识和能力的局限性。但在周围人面前，你必须表现出足够的自信，从而令他人斗志昂扬、忘我

1　Pfeffer and Sutton（2006）.

奉献。"

走出这种根本性的管理困境的关键问题在于，我们如何才能拥有或者说如何才能保持广阔的视野，从不同观点、不同课题中辨伪存真。就如同承诺升级问题一样，行为经济学和心理学很早就指出，人类是一种生存在歧途边缘的动物：明明觉得自己已经百般小心，却依然在不知不觉间走向自负，视野也变得越来越狭窄。

前文针对使机会成本降至最低、实现整体最优的问题，我们已经展开了大量讨论，总结梳理后，结果如图9.3所示。

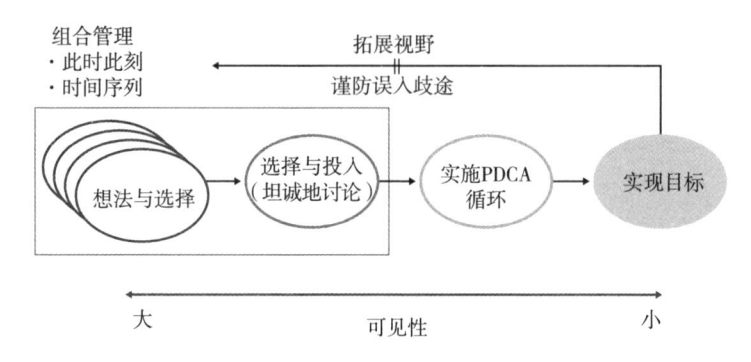

图9.3 为了使机会成本降至最低，实现整体最优

以机会成本最小化为目标，在进行战略决策前，我们应当拥有广阔的视野，并从此时此刻和时间序列两个维度进行组合管理，权衡利弊。既然我们已经明白了"做什么"，从下一章开始，我们将继续思考处理问题的方式，也就是"怎么做"。

的确，有很多事情我们必须做，但如果做得过度，就会出现分析瘫痪、多多益善的症状，从而导致机会成本。对此，从下一章开始，我们将针对以下三点，条分缕析，逐一阐明：

①明确以目标为导向的原则；

②谨防误入歧途；

③付诸实践。

第 10 章
明确以目标为导向的原则

勿将手段当目的

机会成本的最主要成因,是在不经意间遗忘了初衷,处理事务的优先顺序排列出错,导致误将手段当成目的。此外还有一种原因,即大家似乎都认为自己理解了目标,但是每个人对目标的解释千差万别,而这一点前文也已经讲述过。

在这种情况下,即使口中高呼"组合管理""权衡利弊"众人也无法达成一致。如果组织决策沦为政治的玩具,那么组织成员既不能明确目标,也不能统一目标,最终只能是各执己见。

东京大学特聘教授片田敏孝曾在《日本经济新闻晚报》上刊登连载文章《在海啸中捍卫生命》(2018年3月5日至9日)。这组文章再次提醒我们,目的与手段(或者说是计划、规章、标准)之间有着显著的差别。

2011年东日本大地震,岩手县釜石市遭到海啸袭击。在当地小学和初中的防灾训练中,原本通常会向学生们展示灾害预测地图,但当越来越多的孩子在看到自己家位于水淹范围以外后，便认为自己家不会受灾。然而，灾害预测地图仅仅是预测，现实受灾情况会如何演变，人们无从知晓。因此，防灾课堂传授给学生的避难第一原则就是——切勿相信预测地图。

于是，在地震发生当天，尽管由于校园停电、无法收听广播，但是学校足球社的学生依然凭借自己的判断，以最快速度展开了避难行动。3月8日的连载文章是这样描述的：

> 孩子们躲进了一家事先被指定为避难场所的敬老院。然而，他们目睹房屋一侧的山崖正在崩塌，于是高喊"这里也危险，大家再躲远一点！"同时继续跑向另一处高地。就这样，敬老院的住户和附近的居民也一起成功脱险。

读罢我们不禁潸然泪下。

躲进事先被指定为避难场所的敬老院，仅仅是一种手段，而保护生命才是目的。以这一目的为指引，这些中学生成功地区分了手段和目的，所以才能够进行独立思考。

相反，许多企业即使正面临泰山崩于前的险境，依然深信"我们是大企业，所以没问题的""规则就是这样定的""很快就会恢复正常的"，有意无意地回避现实，紧握一种手段不放。

因循守旧、循规蹈矩地做事十分轻松。诚然，如果行动没有规则或者有时偏离规则，会带来风险。但是，如果心中明确目的所在，就会拥有迎战风险的勇气。照搬已有的手段最轻松，但照搬已有的手段也最危险。

谨遵课本，贯彻原则

庆应义塾大学经营管理系于 2015 年起，开设高级管理人员 MBA 课程。我们有幸请来益基谱管理咨询公司的 CEO 富山和彦、董事田原幸宏[1]为学生授课。两位老师建立了一套"何事—何时—如何—何人"的思维框架，具有很高的参考价值。

正如本书主旨所言，管理者最重要的工作就是做决策，尤其是那些艰难的决策。做什么、不做什么，进一步讲，行动的时机是什么，这就是"何事—何时"。

然而，即使已经做出决策，如果组织不采取行动，决策也只能是画饼充饥。富山和彦评价说："我最讨厌的就是那些胸怀'真理'、振振有词的咨询师。"总之，我们不仅要清楚该做何事，更要清楚付诸行动的方法论——如何，以及能够调动组织积极性的关键人物——何人。正如前文所说，我们要"有蚂蚁的勤恳，有蜻蜓的视野，但更要有人间的温情"。

实际上，"照搬课本"已经和"光说不练""书呆子"并称为商业实战中的三大贬义词。有许多人大放厥词，号称"正因如此，MBA 毫无用处"。例如，星野集团社长星野佳路（硕士毕业于康奈尔大学酒店管理学院）、日本交通控股集团社长川锅一郎（出身于麦肯锡管理咨询公司，于西北大学凯洛格商学院获得 MBA 学位）都曾经因照搬课本而栽过跟头。

我也曾在咨询公司工作过 10 年，在美国待过 15 年，随后

---

[1] 我此前就职析道管理咨询公司时，曾与此二人是同事。

又回到日本在庆应义塾大学经营管理系执教 8 年，同样认为调动组织并非易事。围绕这一问题，我不断提出建议、传授心得。

然而，最近我忽然意识到事实情况莫非恰恰相反？一方面，MBA 的热潮已经退去，不再像人们批判的那般狂热；另一方面，在 MBA 课程中，过分强调的恰恰是那些通向成功的、实用的充分条件，例如"身为领导者，考验的就是胆识""谈判能力很关键""要考虑对方的利益"等。

诚然，上述充分条件十分重要。然而，如果必要条件得不到满足，结果又将如何？例如，在日本战国时代，那些勇猛果敢的武将未必就一定能取得胜利；回到现代，那些智谋过人的律师可能会赚得盆满钵满，但未必幸福快乐（同样的道理恐怕对政治家也适用）。

想要理解这一点，就要提及之前在高级管理人员 MBA 课堂上的另一个发现。高级管理人员 MBA 课堂中的学员，至少拥有 15 年的社会工作经验，对如何在组织中游刃有余、如何调动部门（或上司）积极性的问题了如指掌。班上其他更年轻的 MBA 学员，常常纠结于该做何事，而这些年长的高级管理人员，则更为看重如何做事、该由何人做事。听课时，这部分学员常常会流露出"你所讲的不是理所当然的吗"的神情。

然而，当他们继续听课，便逐渐意识到，自己是不是只顾着注意如何、何人的问题了？他们开始反省，自己是不是并没有完全遵照框架原则、充分思考何事、何时，而仅仅针对如何、何人的问题（或者说，针对揣度人心的问题），拼命钻研圆滑的处世之道？不知不觉间，这些人将察言观色、见风使舵当成了目标。

实际上，富有能力之人，往往精于如何、何人之道。这种现象就类似于学习高尔夫球，他们另辟蹊径，倒也能打得不错……然而，依靠旁门左道虽然也能前进一段距离，但一旦到达极限就束手无策了，因为他们做事没有遵照原理和原则。

相反，我在与前文提到的 Gunosy 公司 CEO 福岛良典、晴姿眼镜公司社长田中仁交谈时发现，这两位年轻的创业者在管理方面反而会谨遵课本、毫无偏差。在上一节引用的连载文章《在海啸中捍卫生命》中，孩子们也是这样总结自己的壮举的："我们发挥了在学校所学的技能，才挽回了生命。所以，这么多小伙伴能成功逃生，靠的不是奇迹，而是实干。"

星野佳路社长在《星野集团教材》一书中写道，遵照课本上的理论不动摇，不仅能够在做出抉择时充满自信，而且在向员工传达自己的判断时，也能做到条理清晰、易于理解。米思米集团掌门人三枝匡，在以自家企业变革经历为蓝本撰写的作品中，也阐述了相同的观点。[1]

我丝毫不认同这种观点——人类是完全由理论支撑的、理性的动物。但是，如果我们将原理和原则弃置一边、闭口不谈，最终就会偏离初衷，反而将调动组织积极性当作了目标本身。

第 1 章讨论过的战略的本质，尤其是此次讨论的宏观课题——"打造企业特色"与"权衡利弊"——在面对这些教科书级的原理和原则时，我们又有几分照章执行过呢？有时，我

---

[1] たとえば、三枝（二〇〇二）。

们只是嘴上说着必须成功，却在滥用"权力下放"这四个字，把责任全部甩给实际业务部门。

谨遵课本的问题也与坦率讨论息息相关：那些以"本公司情况特殊""人心可没有那么单纯"为借口，拒绝组合管理思维和权衡利弊思维的人，请你们一定换个角度想想，遵照课本上说的去做又有什么不好呢？

总而言之，我认为，管理理论就像一幅地图。正如星野佳路社长所言，地图不是绝对准确的，但是参照地图，确实能够平静内心、降低风险。当然也存在生来直觉敏锐的管理者，他们无须地图也能摸索着抵达终点。

但是，对那些叫嚣着课本无用、管理理论都是空话的人而言，他们可能根本就不知道目的地在哪里，很多时候甚至连自己正身处何地也不清楚。他们不停在原地打转，所到之处距离之近根本就不需要地图。

成果监测

想要判断原本的目标是否已经偏离了原点，就必须首先评估自己所采取的措施和战略结果如何。正如前文所讲，这其中的评估标准，并不是"亏损则负，盈利则胜"那么简单；但不论采取何种评估标准，如果不能正确把握现状，就无法采取下一步策略。

这些道理看似通俗易懂，很多时候却难以做到。我在第 1 章讲解 3C 分析，第 3 章讲解分部门、分商品独立核算的损益表时也曾提到，很多企业都没有实现精准的作业成本分析法管理。

尤其是那些新项目，众人往往只顾着朝成功的方向推进；如果有人担心"万一失败了怎么办"，就会被视为思想消极，是公司的禁忌。管理者在完成一项决策后，注意力就转向了新项目、新议题，不再关心之前的战略进展如何。他们口中宣扬着"PDCA"，实际却变成了"PDPD"。这种情况比比皆是，却没有人去纠正。

解决这一问题，一方面需要员工为人坦诚，但根本前提是，公司需要树立起一个制度化目标——建设"成果监测"机制。当然，有一种情况需要排除在外，那就是胡乱设立关键绩效指标、盲目追求多多益善。

下面举一个有趣的例子。我在旅居美国时，曾经采访过一家跨国公司，访谈的主题是"重大决策变更"。但是，在采访开始的一段时间里，对方却举不出决策变更的例子。明明经营环境在发生剧烈变化，商业竞争也很激烈，由此，我不禁怀疑，这家公司真的一切如此顺利吗？然而，随着提问逐渐深入，我发现在这家公司，即使是科长、部长一级的领导，也丝毫意识不到"决策其实已经变化了"；很多时候，他们只是在无意识中更换了一个新的方针、新的体系。也就是说，当某一经营方针、计划被判无效时，这家公司所做的不是回顾总结，而是任由其"自生自灭"。

这种"自生自灭"的沉默式处理，背后隐藏着巨大的问题。所有人心里都清楚，那些自我消亡了的方针和计划并不可行；但是，由于这些计划消失得悄无声息，因此所有人都无从得知，它们究竟为什么不可行。或者说，即使每个人私底下明白其中缘由，但决不会公开议论，也不会将它视为全公司级别的教训，之后进行分享。

因此，公司未来很有可能会再犯相同的错误，而面对同样的事实，每个人都会做出截然不同的选择性解释，各种解释互相冲突。在组织体制和人事制度层面，同样的体制从前就行不通，于是放弃，不久后领导层换血，再去迎合当下潮流，做同样的事，然后再次失败……这样的事例数不胜数。

被弃方案"自生自灭"，恐怕还会引发另一大顽疾。如果没有任何人站出来呼吁大家"这件事是错的，我们停下来吧"，那么，宁可放任项目继续亏损，哪怕它毫无前景，这件错事也会永无止境地持续下去。尤其是那些（前）社长或者创始人亲自开创的业务，尽管每个人心里都认为它没有价值，大家还是会强行挖掘有效价值（陷入了正当化误区），为它套上各种理由，继续维持它的存在。如果创始人还健在，哪怕是必须由他亲手终止的业务，大家也会找到"这项业务是公司的象征"之类的借口，拖延终止时间，指望着总有一天、总有一个人会采取行动。

实际上，东日本大地震发生后，在东京电力公司福岛第一核电站的冷却操作中，"成果监测"环节就没能得到高度重视。当时，日本首相官邸不断向下施压，采取的各种干预措施前后矛盾，连新闻记者都形容政府的应对"慌乱失神"。在政府采取的一系列措施中，最引人注目的一条，就是政府命令东京电力公司停止向核电站注入海水。在电视会议中，福岛第一核电站站长吉田昌郎表面上如实传达了东京电力总公司的指示,命令核电站停止注水;然而在操作现场,吉田站长却率领全体员工,坚持向核电站注入海水以求达到冷却效果。这份团结与坚持,和日本政府、东京电力总公司的分崩离析形成了鲜明的对比,一时间被各大媒体传为佳话。

然而,日本放送协会组成的调查组却宣布:"吉田站长做出了所谓的英明决断,然而注入海水后,真正进入核反应堆的水量却几乎为零!"[1] 真实情况是,海水"抄了个近道",全部流向了一条旁路。结果,这部分海水腐蚀了混凝土,不仅没能阻止核心熔融,反而催生了大量块状核残渣,给核电站退役带来了巨大障碍。尽管政府日后公布,"注水后第一核电站的水位已经恢复正常",但其实这一结论只是根据注水行动产生的主观臆断。

事实上,直到日后调查时才发现,当时的水位计指数其实丝毫没有上涨。然而那时,包括吉田站长在内的所有相关人员早已陷入极度疲劳状态,所以仅仅以为"应该只是水位计坏了""水一定已经灌进去了"。即使柏崎·刈羽核电站的站长横村中幸在检查过水位计后提出了质疑,这份意见也被置若罔闻。

最终,所有人都仅是想当然地认为,"水位一定已经被监测到了"。现场明明会集了那么多的专家和身经百战的优秀人才,却依然没能战胜身体的疲劳和混乱的局面。当然,在日常生活中,我们难以遇见如此危险的情况,但我们依然必须时刻铭记这个最基本的问题:"我是否在必要的时候监测了关键变量?"

---

[1] ＮＨＫスペシャル『メルトダウン』取材班(二〇一七)。

我反复强调，再优秀的头脑，也会在不经意间走入误区，再小心行事，也可能会在大事上马失前蹄。

在分析了当时的视频会议过程后，日本放送协会调查组的一名调查人员总结出如下观点，足以清晰地概括当时发生的种种情形[1]：

> 尽管吉田站长本人就在强调，"我们容不得'可能'二字，必须仔细确认后再下结论"，但实际上，随着吉田站长和其他工作人员之间的交锋不断深入，"可能"二字讲得最多的，恰恰是吉田站长本人。

再谈战略及优先级顺序——精简为上

如果公司以"打造企业特色"和"权衡利弊"为基础制定企业战略，重点就必须聚焦在厘清业务本质上。

然而反观现实，有人思维涣散，这也想做那也想做；有人即使确定了一个方向，却还是这也想试试那也想尝尝；甚至，如果有什么事情但凡能和这一方向蹭上一点关系，都要把它罗列在自己的计划里。

这种漫无目的的做法，动机无非有二：其一，有些人想着自己难得遇到一次机会，一定不能放过，于是靠提高机会成本来保护自己；其二，有些人从经营政治的角度考虑，担心如果

---

[1] 前揭、二四七ページ。

自己所在的岗位没有参与到行动中，自己在公司的地位就会下降。从领导者角度考虑，一位领导者看到如此众多的部门都在积极献言献策，自然会深受感动，以为自己的战略正在"全公司层面"不断推行，于是决定，自己一定要不断吸收下属提出的每一条建议。然而，这些做法全部大错特错。

我反复强调，战略是为打造企业特色服务的。为了打造企业特色，就必须在有特色的地方集中资源（通常集中在企业的强项）。反之，如果这也要做那也要做，资源就会被分散，看似"雨露均沾"，实则一无所成。

2018年新年之际，《华尔街日报》刊登了莫滕·汉森教授撰写的一篇文章《如何取得商业成功？精简：业绩最佳者接受的任务更少，却沉迷于做到最好》。莫滕·汉森离开波士顿咨询公司后，如今执教于加州大学伯克利分校。[1]

文章开头就讲述了一段让作者大受冲击的经历："刚刚入职波士顿咨询公司时，我的工作时间比任何人都长。然而，产出水平更高的反而是那些比我更早回家休息的同事。"随后，文章引用了奥卡姆剃刀定律，阐明如何排列优先级顺序，排序后最重要的便是将精力集中投入一至两个最重要的项目当中。奥卡姆剃刀定律指出，在处理任何领域的问题时，最简洁的答案就是最接近正确的答案。

文章作者随后讲道，自己曾经受人邀请去一家公司开展高

---

[1] "How to succeed in business? Do less: Top performers accept fewer tasks and then obsess over getting them right," *Wall Street Journal*, Jan. 12, 2018.

管培训。起初，他准备了一份长达 15 页的幻灯片，但之后精简到了 4 页，直到最终只剩下一页时，他才开始同公司的 CEO 进行交流。通过这段经历，作者总结出，"提炼出真正的要点十分关键"。如果时间充裕，演讲者自然就会想着随意添加各种内容；有时这样画蛇添足的举动，甚至仅是出于"炫耀"或者"政治考量"。乍一看，内容增加后，听众会感到更有说服力；但实际上，如果是那位 CEO，面对让人眼花缭乱的各种观点，反而会抓不住重点。另外，从演讲者的角度考虑，他最迫切想要传递的观点，反而也会因此被淡化。

换言之，针对"带给客户的价值"这唯一一道命题，你能将自己想传达的信息精练到何种地步，恰恰是战略提案、战略商谈的本质所在。据说，科学家帕斯卡在给朋友写信时，说过这样一句话："如果我还有时间，我本该把这封信写得更短。"其他工作事宜，莫不如此。

实际上，我也曾有过相似的经历。在第 8 章延伸阅读 2 中也曾提到，我出国留学攻读 MBA 的情况，在那里，我首次使用英语发起论战，经过一番摸索尝试最终总结出的经验是：话虽要说，但必须言简意赅。在这里简单展开说一下当时的情况：

> 我在攻读 MBA 时，有过这样的经历：无论是美国人还是日本人，很多人都会滔滔不绝、长篇大论，但到最后却不知所云。尽管如此，有些头脑聪慧的美国人，尚且能够从长篇谈话中总结出几分道理；而对于英语不好的日本人（说的就是我自己）来说，根本就做不到这种总结。言多则必有

失，因为说得多了，就不知道自己真正想要表达什么了。在硕士阶段后期，每次发言之前，我总是首先问自己"你想表达什么？"随后再尽可能简洁地组织自己的语言。

我们曾经指出，"战略以及为战略做准备的信息和分析，全部多多益善"，这样的想法根深蒂固。信息和分析就像金钱一样，越充足越好，越充分越有助于实现杰出的战略决策。

这种观点不能说不对，但一定不完全对。套用杰弗瑞·菲佛、罗伯特·萨顿两位教授的话，这种观点属于"半真半假"，问题严重，容易给人造成误导。究其原因，相关部门势必要花费相当的时间和精力，才能获得更加充分的信息和分析结果；进一步讲，这些部门为了解释这些信息和分析结果，又要耗费管理层的注意力和时间。不知不觉间，他们就忘记了自己的目标，反而将手段当成了目标。要想明确目标、永不遗忘，一个实用的办法，就是趁着还没遗忘赶紧明确目标。也就是说，切勿在分析上耗费过多时间。

关于这一点，孙正义曾有过一句名言："要想成就一番事业，先做减法。"我在拙作《战略原点》和《领导的准则》中也曾写道："不要将主干与枝叶混为一谈。"

乍一看，枝繁叶茂、花团锦簇，十分惹人注目，但归根结底，那些都只是一闪而过的表象，而且前提是要有牢固的根基和主干。这并不是说，公司应当无视最先进的管理方法；倘若不清楚自家的主干和根基，不仅那些先进的管理方法将毫无作用，"追赶先进"所付出的机会成本本身，就足以对公司产生负面影响。

畅销书《选择的艺术》的作者、双目失明的希娜·亚格尔教授，在到访庆应义塾大学经营管理系时，曾经说过这样一段话[1]：

> 没错，在做出选择时，优先级顺序十分关键。首先，请列出所有你认为必须做的事情，按重要程度排序。所谓排列优先顺序，并不是单纯地标号，而是在顺序排列清楚后，将第三位以后的事情，统统抛到脑后。

---

[1] この模様は、二〇一一年にNHK「コロンビア白熱教室」で放映されました。

第 11 章
谨防误入歧途

意识到自己"没能意识到的误区"

  人类个体也好,由个体构成的组织也罢,都很难对抗误区。大家以为自己正朝着某个目标前进,却在不经意间将精力集中在了卖弄手段上,变得热衷于那些貌似更加紧急实则细枝末节的问题——哪怕还有更加重要的问题等在一旁。即使是吉田站长那样身经百战的资深员工,也会一边振振有词地说着"我们容不得'可能'二字",另一边却借着"可能"二字信口开河。

  让我们把视角转向自己身边。大家应该有过这样的经历:一个人喝醉后,旁人看着他明明已经烂醉如泥,但他自己还在一本正经地坚持说"我没醉"。是酒精麻痹了大脑,让他如此口出狂言。

  那些功成名就、被媒体吹捧的管理者也是一样,他们可能自以为"我没骄傲",但是否真的居功自傲,他们自己是不清楚的。我曾在《日本经济新闻》发表过专栏文章,在推介丹尼尔·卡尼曼教授的《思考，快与慢》一书时，我将上述现象命名为"醉汉困境"。[1]

如此看来，所谓"自我提醒""自我鞭策"，实际完全起不到效果。也正因如此，人才会走进误区。问题在于，即使人们认为自己已经倍加小心，却依然意识不到自己正在犯错。

卡尼曼教授凭借对人类决策误区的研究，获得了诺贝尔经济学奖。但即使是卡尼曼教授本人，也承认"我并不确定自己的研究成果是否能提高决策质量"。回顾吉田站长的那则案例，我们应当意识到，比起提醒自己要谦虚，我们更应该直面"自我提醒无用"的现实。

同时，卡尼曼教授指出，一个人想要怀疑自己的直觉很难，但指出别人的误区却十分轻松。也就是说，人在做决策时，就如同喝醉酒了一样，总是相信自我。反过来说，对于一名管理者或者一名准管理者来说，如果他身边能有一位为他指出错误而且值得信赖的旁观者，那将对他大有裨益。

由此观之，在那些成功的企业中，创办者多由两人组成，这也并非偶然：日本国内，有本田宗一郎和藤泽武夫、井深大和盛田昭夫、饭田亮和户田寿一；[2]日本之外，有史蒂夫·乔布斯和斯蒂夫·沃兹尼亚克、拉里·佩奇和谢尔盖·布林等，[3]这样的组合数不胜数。

---

1 「経営書を読む（四）カーネマン著『ファスト＆スロー』」『日本経済新聞』二〇一五年五月五日。
2 这三对组合分别创立了本田、索尼和西科姆三家公司。——译者注
3 这两对组合分别创立了苹果和谷歌两家公司。——译者注

这类组合通常都能实现职能互补，例如，本田汽车就是"天才技术员与天才财务师"的搭配。实际上，无论是初创企业还是大型企业的管理者，都需要这样"值得信赖的伙伴"。

有时，优秀的领导者也会鲁莽失策，业绩突出的中兴之主也会晚节不保。这并不是因为他们失常，恰恰相反，正是因为他们认为自己在为公司着想。

这种情况下，就要看领导者周围有没有能苦言相劝的伙伴，更要看二人之间有没有充分的信赖：即使领导者当时不听劝阻，过后想起伙伴说过的话时，也能回心转意、悬崖勒马。在一个组织里，两个人之间的信任，就是忠言逆耳也无妨。

但是，这里的重点其实并不是逆耳忠言，也不是悬崖勒马。近来，企业界、政界、体育界都在呼吁，要控制精英们的行为。

从旁人的角度看，这种呼吁确实有道理。但作为个人，尤其是一个将要成为领导者的人，最厌恶的就是被别人反驳。甚至有的人在被别人反驳后，会咬住这件事不放，誓死要抢白对方、扳回一局——哪怕他明明知道这样做不对。

因此，这位谏言的伙伴起到的作用不应该是"刹车片"，而应该是"方向盘"，他要表达出自己的忧虑，控制住局面，将领导者带离偏轨、重回正路。[1]

Y Combinator 是一家创业孵化器公司，曾经孵化出多宝箱、爱彼迎等公司。这家创业孵化器公司有一条原则：不投资仅有

---

[1] この点にさらにご興味のある方は、清水（二〇一六）の「論文篇」第二章「『正しい』からではなく『interesting』だから心に残る？」をご参照ください。

一位创业者的初创公司。如果只有一个人，本身负担就重，没有人和他一同创业，这个现象本身就证明他无法得到朋友的信任。[1]

随心所欲、跟随直觉，确实让人心情畅快；听他人直言劝谏，确实满心痛苦。然而，正如体育训练后肌肉会疼痛，这种痛苦恰恰是一种信号，它在告诉你——你成长了。

建立组织长效应激机制

一个组织，行为出现偏差后，即使收到了负面反馈，却依然将其判定为"暂时性事故""事态不严重"而不予讨论，或者即使讨论也只是简单敷衍了事——如此一来，等到所有人都意识到问题的严重性时，事态早已恶化到无法收拾的地步了。

很多管理者和组织都以为自己警惕性很高，实际上在面对与自己的观点不符、自己没有见过的数据时，却将其忽略，或者无意之间选择无视。前文讲述的福岛第一核电站发生的事故，恰恰印证了这一点。

一旦误入歧途、"酩酊大醉"，事后处理起来将十分困难。既然如此，我们莫不如先发制人：如果一个组织、一位管理者能够尽可能经常接触新想法、新观点，经常接受外界的刺激，便能免受误区的干扰。

1　Stross（2012）.

下面，我基于目前的研究成果[1]，列举几类组织机制。这些机制有助于避免视野狭窄、过度自信、重要信息遗漏等问题发生。

1. 定期引入非执行董事

过去的研究结果表明，组织的战略转变不仅受到管理层变动的影响，同时也会受到董事变更的影响。在日本，有关公司治理、非执行董事的争论，主要集中在不法行为和管理审查的问题上。然而，非执行董事的作用，原本是鼓励他人承担风险。非执行董事通常拥有作为其他企业领导者、学者、律师的经历，公司并不期望他们能够直接提高公司效率，而是期望他们能够为了追求创新向管理层提供丰富的建议。

所谓提供建议，不仅要指出组织内部人员没能意识到的误区，而且还要提供新观点。正如我们在第 3 章讲解信息分析时所说，我们不仅要用行动验证管理直觉，还要反过来激励管理直觉。

然而，随着董事任职时间不断推移、董事会成员组成固化，即使身为非执行董事，其观点、见解和思维方式也极有可能被固化。既然这是一份收入丰厚的肥差，非执行董事自然会萌生出政治上的考量，不愿意去顶撞领导者。

从熟悉所在环境、业务和保持连贯性的角度讲，频繁更换

---

[1] たとえば、Shimizu（2000）；Shimizu and Hitt（2004）；Shimizu（2007）；Shimizu（2018）；清水（二〇〇七b）；清水（二〇〇九）。

董事会成员,的确会造成不利影响,降低效率。然而我们要清楚,更换董事的根本目标并不是引入非执行董事,也不是增加人数,我们必须建立向董事会引入新观点的机制,决定非执行董事的任期时长。

有些美国公司在业绩大幅下滑时才大面积更换公司董事,例如史蒂夫·乔布斯回归苹果,以及通用电气最近的处境。然而我认为,早在恶果产生之前,公司就应该更换董事了。我们切不可因为厌恶短期的机会成本,而错失了将重大问题防患于未然的良机。

2. 充分发挥联盟作用

如今,企业联盟(包括协作、合资)与企业并购一样,已经成为重要战略之一。通常,在公司眼中,企业联盟是一个战略选项,常常在公司进军陌生领域,例如,开辟海外市场、开拓全新业务时使用。但除此之外,企业联盟还具有其他重大价值:通过与其他企业频繁交流、密切合作,企业联盟能令企业重新思考自己的企业文化和立场,并且提高战略灵活性。

首先,通过与其他企业频繁交流,企业能够了解到各种自身不具备的观点和思维方式。虽然,这类思维差异(尤其是企业文化差异)往往被看作结盟的阻碍,但实际上,这种差异恰恰是企业孤军奋战时绝对无从获取的重要资源。通过与其他企业、其他伙伴结盟,公司能够汲取到自己未曾认同,甚至根本未曾有过的各种想法。

其次,通过挖掘彼此见解和思维方式上的差异、思考更有效的战略和组织运转模式，公司内部也能学会如何激励员工之间交换意见、学会如何发挥意见交流的效果。诚然，在某些情况下，与自己的企业文化不匹配的合作毫无意义，但我们更应该意识到，有时正是这样不匹配的合作才有意义。只要能够明确自己的目标，结成联盟定有所得。

我曾多次参与协调大型贸易公司与金融机构举行的"干部共同研讨"活动，而且每次都满怀喜悦。在那种双方同时充满压力的情境下，反而展露了彼此的本性：贸易公司追求实干，而金融机构长于详查风险；两种组织文化在交流中势必形成对立，但在对立中，往往也能激发出新的灵感。

有人说，"我们公司的常态，放到社会中却属于非常态"。这种说法略带自嘲的意味，但我们确实很少有机会能够切身感受到这种反差。结果，公司对自己的各种奇怪做法、怪异习惯不采取任何手段，于是视野变得越来越窄。

3. 从零开始，重新审视

一条规则，无论在制定之初多么完美，也一定会随着环境变化、技术更新、目标转变而变得陈旧且低效。公司经常会适时修订规则，但讨论的主题往往是"如何改进现有规则"，而非"如何将现有规则全盘推翻，从零开始制定新的规则"。

这又是一则不知不觉忘记初衷、误将手段当作目的的优秀案例（或者应该说是失败案例）。结果，试图改变规则的人只会受到既得利益和组织的牵制，新规则也只是屋下架屋、床上安床，换汤不换药。

规则自身并没有错，错的是它已经过时了，错的是被人拿来当作目的。既然如此，事先建立"定期回顾初衷所在、从零开始重新审视"的机制，便能将错误控制到最小。

第 5 章里我们曾经讲道，英特尔公司的创始人戈登·摩尔和安迪·格鲁夫在决定是否撤出某一行业、是否变动高层人事时，会从"如果我是新任 CEO 我会怎么做""如果重新进入这一行业（或录用这个人）会怎么样"的角度考虑，这种做法在业界十分有名。

"零基预算法"最初在得州仪器公司施行，后又被 3G 资本采用，并且产生了巨大效果。2008 年，3G 资本收购了百威啤酒所属的安海斯-布希公司；2013 年，3G 资本又收购了亨氏公司。此后，可口可乐、金宝汤等公司也开始推广"零基预算法"。

4. 在决策过程中，着重探讨反对意见

为了从多个视角评估一项战略、一个项目，比起一个人，一支团队更有利于讨论不同可能性、评估可能产生的结果。正所谓"三个臭皮匠，赛过诸葛亮"，这一点毋庸置疑。

然而，许多研究结果表明，团队决策未必有利，其中一则著名实例就是"团体迷思"。耶鲁大学教授、心理学家欧文·贾尼斯在其著作《小集团思维：决策及其失败的心理学研究》中，以猪湾事件（1961 年）、朝鲜战争（1950 年）、偷袭珍珠港（1941 年）为题材，考察了团体决策存在的问题，最终提出了"团体迷思"理论。

贾尼斯教授将"团体迷思"定义为：团体成员因深受组织

团结性影响，为了追求整体和谐，而选择放弃真实评估团队决策。[1] 贾尼斯教授指出，尽管肯尼迪政府拥有如此优秀的智囊团，但约翰·肯尼迪却依然批准了半途而废的古巴入侵行动，经历了惨痛失败，其中的原因就是"团体迷思"。

贾尼斯教授还指出，如果团队只顾着一团和气，每个人心中原本都有各种意见却没有自由交流，那么团队做出的决策甚至还不如个人做出的决定。近年来广受追捧的多样化也是一样：并不是凑齐几个人或加进来女性和外国人，就能"自动"开启畅所欲言的局面，以提高决策质量。

而现实情况往往相反。很多人都一定有过相似的经历，如第3章引用的挑战者号案例，第4章讲到的电梯实验、纽约曼哈顿的枪声几个案例所述：周围有这么多人，一定会有某个人站出来说句话的；我不能显得与众不同；我不想破坏和气……很多时候，正是由于这些层出不穷的理由，人们装腔作势或者明哲保身，结果使得讨论停滞不前。

要想产生丰富的意见，组成团队、特别是组成一支人才结构多样的团队，只能算是必要条件，而非充分条件。有的人心里明明清楚这个道理，却依然将"团队""多样性"等手段当成目的，无非被这些手段带来的显著效果吸引所致。

为了谨防"团体迷思"发生，为了使团队优势最大化，"坦率讨论"是不可或缺的充分条件之一，这一点将在后文展开论述。还有一种方法见效更快，那就是"唱反调"：将那些违背主

1　Janis（1972）p.9.

流意见的反对意见搬出来，着重讨论。在所有参与讨论的人员中，如果有几名反对者出现，就能帮助我们从各种角度更加综合地评估战略替代方案、战略决策结果等。尤其对于那些躺在功劳簿上、自信心爆棚的组织，这种做法很有价值。

但有一点，领导层为了真正发挥"唱反调"的效果，就必须在个人姿态以及组织文化方面多加注意。如果连领导者自己都没能表现出甘愿接受批评的姿态，"唱反调"很有可能最终只会流于形式（而这也是"误将手段当作目的"的一种表现）。

关于英国前首相温斯顿·丘吉尔有这样一段有名的故事：丘吉尔深知下属惧怕自己，所以很难从下属口中听到坏消息。因此，丘吉尔成立了一个办公室，专门负责收集坏消息。

5."事前验尸"法

丹尼尔·卡尼曼教授在他的著作《思考，快与慢》中，讲到了一种尽可能避免因过度自信导致失败的方法——"事前验尸"法[1]：

> 请设想，现在是一年以后：我们已经实施了之前确定的计划，却以失败告终。请利用 5～10 分钟时间，简单总结一下失败的具体经过。

实际工作中，随着计划不断进行，员工会变得不愿意提出

---

1 カーネマン（二〇一四）下卷、六七ページ。

反对意见。一旦提出反对意见，他就会被人怀疑对公司、对上司不忠诚。然而通过思考上面这个问题，就能打破这种团体迷思，员工之间也能更加自由地切磋交流。研究结果显示，团体比个人更容易自信心爆棚。

"一个人仅凭自己，是不足以了解自己的"，这一观点恰恰是由卡尼曼教授的"敌对合作研究者"——加里·克莱因教授提出的，这种巧合，本身就饶有深意。

组织中的坦诚

在一个组织中，如果日常的组织文化就允许员工自由交换、坦率交流各种意见，尤其是那些关于失败的信息和批判性的意见，那就无须特地找人"唱反调"了。无论是决策阶段，还是PDCA阶段，这种组织都一定能够从各种角度开展更为客观的分析。

第4章我们分析了亚马逊公司的案例。管理层必须在日常经营中就特别注意，要让员工唇枪舌剑、畅所欲言，而不要等到出事后再手忙脚乱。到了战略评估的关口，再去谈企业文化、交流沟通，那就为时已晚了。

多数的管理类书籍总要花上几十页的篇幅，讲述大量有关使命、愿景和战略的乏味内容。然而，被《财富》杂志评为"20世纪最伟大的管理者"、通用电气前CEO杰克·韦尔奇在其著作《赢》中，将"坦诚"作为第2章的主旨，着实令我感到眼前一亮。

韦尔奇对坦诚的重视，从中可见一斑。在长达 20 年的 CEO 生涯里，韦尔奇完成了很多事业，但毫无疑问，"坦诚"是他能带领公司市值增长 40 倍的重要法宝之一。

韦尔奇说他在演讲时曾经向观众提问，"如果你认为自己反馈给公司的内容是真实的，请举手"，结果最多只有 10% 的听众举起了手。企业在编制预算时，公司总部猜到业务部门会把增长目标压低，所以就会提出一个更宏伟的指标；而业务部门也猜到总部会把增长目标吹高，所以也提出一个更保守的指标。最后，两个数字相加除以二，得到的平均值就定为预算值，这样总部也开心、业务部门也满意。

韦尔奇指出，这种谈判式解决也好、一团和气的假笑式解决也罢，最终都不会真正达成任何共识，是一种效率格外低下的组织行为。

大家明明清楚坦率交换意见的重要性，却不能落实，原因在于"说真话后如果破坏了对方的心情，那就麻烦了""别人就不会把我当作自己人了"。总而言之，坦诚是违背人类天性的。

因此，只是嘴上简单说说"大家都坦诚一些！""让我们缔造一个想说就说、开放活泼的组织氛围！"是远远不能激励大家坦诚相待的。许多公司领导者误以为只要随意摆弄一下组织架构、搞上几次交流促进活动，组织的氛围就能活跃起来。

此外，大家对"交流"二字可能还有一些误解。在第 9 章，我们提出了一个交流金字塔模型。交流不是单纯地将信息传递出去，而是将传递的信息连同传递该信息的意图一并分享给信息接收方。

因此，交流成功与否，全部取决于信息接收方的接受情况。对公司而言，信息接收方多半是下属。尽管如此，仍有很多人认为，自己既然已经说话了，也已经发邮件了，对方就应该全盘领会了。

关于这一点，有一则调查结果很有趣。2008年，日经商业在线发放了调查问卷，结果显示，在748名受访者中，有大约七成的人回答说"现在的上司很难缠"；如果算上那些回答"过去的上司很难缠"的人，比例就将近九成。具体理由依次为"缺乏指挥能力""听不进去别人的意见""无法和他交流意见"。

反过来，问卷也采访了261位管理人员，询问他们"有难缠的下属吗？"结果同样有大于七成的人回答说"有"，而且理由竟然与前面惊人地相似，"经常找借口""要求他做什么他就只会做什么""听不进去别人的意见"。

关键是双方在互相争吵，一边说"我的那位上司从来听不懂我在说什么"，另一边说"我的那位下属也从来听不懂我在说什么"。美国的职场情况也十分类似，调查结果显示，有86%的上司认为自己的交流水平很高，但只有17%的下属真正承认这一点。

要让"坦诚"和"真正的交流"在组织里生根发芽绝非易事。提到韦尔奇，除了那句"不能占据业界第一、第二的部门，就应该卖掉或者关停"，"活力曲线"的概念同样为人称道。活力曲线是一种真实评价和筛选用人的方法：简单来说，就是将公司的全体员工按照业绩从高到低，划分为A、B、C三等，分别占比 20%、70% 和 10%。如果一名员工连续两次落入 C 级，就要被开除。

在这个机制中，坦诚十分重要。如果一名员工前一天还被表扬"很有干劲"，第二天评分时却被评为 C 级，他一定拒绝接受这种评价。只有平日里给予员工坦率的评价，才能杜绝产生出人意料的结果。

这条活力曲线是通用电气人才辈出的秘诀，因此包括福特汽车在内的许多公司，都单单模仿了"连续两次被评为 C 级就开除"的制度。

然而，福特由于仅仅辞退了那些高龄员工和女性员工，涉嫌制度歧视而被起诉，最终放弃了活力曲线制度。这段插曲不禁让人联想起在一些国家盛行的以能力为标杆的评价制度。归根结底，人事制度的根基就是透明和坦诚。

就连韦尔奇本人也说："我想强调一点，人员筛选是不可能在短时间内完成的，也是不应该在短时间内完成的。我们通用电气花费了大约十年的时间，才建立起坦诚与信任，奠定了人员筛选的基础。"他甚至承认，即使 20 年过去了，"也远没有达到人人坦诚的高度"。我们能做的，唯有踏实前行。

正如我在第 1 章讨论 3C 分析时说过的，管理的第一步就是"正确认识现状"。韦尔奇有言："公司的竞争对手无关紧要。如果公司内部交流不畅，那才是最为可怕的敌人。"

第 12 章
付诸实践

决策未实施的三大理由

决策仅仅是个起点，单单做个决策，不会带来任何改变。付出大量时间和资源做出决定却未付诸行动，会造成巨大的机会成本。

然而在现实世界里，这类"本来已经决定好的事情却没有实施""仅仅停留在决策阶段却没有实施"的现象屡见不鲜。我们身边常常会发生这样的事故：一个项目决定开工，在之后的几个月里却一直被搁置；一项新规决定实施，却没有人去遵守，有时大家甚至都不知道出台了新规。

例如，公司决定在内部共享客户信息，连共享系统都已经搭建完成，客户信息却还是被员工个人私藏；公司决定变更人事制度，力求从工作过程角度出发评价员工，而不只是注重最终结果。但是，到头来依旧是那些业绩越突出的人得到的评价越高。

这不是个人的问题，而是组织的问题。组织的问题，不仅仅在于它未将决定的事项付诸行动,更在于它默许了这种不作为。在这一节,我们将探讨组织决策未被实施背后的三大原因。

1. 将做决策当成目的

做出管理决策不仅十分关键,而且困难重重。正因如此,在决策诞生的管理大会或者员工大会上,一定会准备大量资料、展开复杂的分析。于是不知不觉间,这样的会议重要性越高,与会人员就越有可能将做决策的过程本身当成最终目标。参会者先是不停地被社长追问,再遭到其他负责人的诘难,费尽千辛万苦,终于应对成功,心想:太好了,可终于结束了!这样的场景是不是很熟悉?

实际上,如果这样开会做决策,那么包括社长在内的、负责决策实施的所有终端责任人,心里想的便都是"太好了,终于定下来了,后面就只差实施了!"之后稍一松懈,所有人就都瞬间坐到旁观者的位置上。

最能显现出这一弊病的,当属制订中期管理计划的过程。当然,计划名称可能稍有不同,但本质相同。管理计划负责部门耗费数月时间调集各部门资料,制订完计划,又在管理大会上展示了许多次,最后终于获准通过。

但是,社长评价的一句"计划做得很不错!"意思只是计划很宏大、有雄心,分析师应该会喜欢,实际却并不一定代表该计划明确反映了公司的战略,清楚地展示了目前为止的各项课题,为员工留下了充分的发挥余地。

就这样，负责部门长舒了一口气，心想："终于结束了！稍事休息，我们又要应付下一项计划了。"如此一来，中期计划的制订过程，反而变成了最终的目标——这样的过程屡见不鲜。

我反复强调，决策只是起点。一名马拉松运动员，如果刚刚出发一两公里就要停下来歇息一会儿，他绝不可能取得最终的胜利。有好的开始固然令人欣喜，但如果管理层因此就忘记了自己完成的仅仅是个开端，反而将决定好了的重要事项抛到脑后，那么下属一旦发现这一点，就会理解成"看来这件事也没那么重要嘛"，进而将其拖延再三以至束之高阁，也就不足为奇了。

2. 管理部门和业务部门之间的认知鸿沟

未将决定好了的战略和重要事宜付诸行动，第二个重要原因，就是在管理部门和业务部门之间，横亘着一条鸿沟。具体来说，管理层所想和业务人员所想，很可能表达相同，含义却完全不同。

这背后有两点原因。

第一点原因是，管理层站在城墙上，治理公司、分析竞争态势；而员工冲在战场上，一边跟顾客和颜悦色，一边同业内对手正面厮杀。因此，管理层和员工的所见、所感乃至感受程度，都有着天壤之别。

管理层一声令下："来！今年开始，我们全力做这件事！"下属听到这句话的时候不禁会想：他说的全力是多大力？全力做这个，那么其他商品怎么办？产生竞争对手了又该怎么办？

实际上，很多时候，管理层的大量问题，都被甩给了业务部门，统统依靠员工个人的随机应变去处理。

第二点原因是，管理层和业务部门之间无法沟通。双方面前摆着两份（看起来）完全相同的决策，但双方的解读却完全不同，而且还要互相纠缠，追问解读不同是谁的责任；而最关键的决策实施，却无人问津。

实际上，立场不同，看法也不同，这本无可厚非；也正因如此，沟通交流才变得重要。但是，管理部门和业务部门都愤愤不平，"明明已经交流过了，但还是听不懂"，问题也得不到解决。

这种问题不仅出现在管理部门和业务部门之间，也同样出现在跨部门交流过程中："一说话他们就唱反调""跟那群人怎么说都说不通"。很多人自以为重视效率，却对交流毫不在意，日后才发现，彼此之间的误解已经积重难返，工作没有任何成果。

《麦肯锡传奇》一书，刻画了咨询行业巨鳄——麦肯锡咨询公司的中兴之主马文·鲍尔。人们对咨询行业的印象，通常都停留在咨询师的分析和思维能力上。然而，令我惊讶的是，在麦肯锡这样一家规模比其他大企业更小、阶层划分比其他大企业更单一的公司里，马文·鲍尔居然如此重视沟通交流，近乎执拗地向员工灌输公司的理念和行为规范。尽管当年公司人才不足，在有一名很有能力的经理触犯了规章制度后，依然被立即解雇了；但即使是在解雇员工的关口，沟通交流依然无处不在。马文·鲍尔告诫这位经理：

如果没有宁可付出代价也要捍卫规则的觉悟，就绝不可能保住规则。

3. 我忙着呢！

在公司内外各种咨询、委托的邮件里，开头通常要先写上这样一句话："百忙之中，如有打扰，敬请谅解。"近年来，市场劳动力不足，企业推进削减成本又严禁员工加班，并伴随着《个人信息保护法》等法律相继出台[1]，使得员工在本身人数就减少了的情况下，不得不在有限的时间内完成更多工作，压力不断加大。

在这种情况下，上司即使下达了命令，"新决策出台了，赶快去执行！""从今以后这件事要这样办！"下属也只能回答上一句"请您稍等！"因为手头的这些工作还没有处理完成呢。

如果这时，上司只能感叹"确实也没有办法"，那么业务部门就会轻视他的命令，暗想"他也不过如此"日后上司再追加任何命令，纵然是费尽心力做出的决定，下属也会漫不经心地一拖再拖。

"手头正忙"俨然已经成为一个无人能够反驳的托词。忙碌能够掩盖偷懒的真相。第6章里，我们讲过柴田昌治总结的"员工不动脑筋的原因"：员工面前堆积着许多工作，如果将它们一个一个地解决掉，不仅能给员工带来成就感，还能让他挺起胸

---

[1] 依据日本《个人信息保护法》，公司很难直接公布员工的加班时长名单。——译者注

膛对周围的人说"我很忙"。

然而，这种忙碌很可能只是忙于一些惹人注意的工作。第9章里，我们曾经以紧急性和重要性为横轴和纵轴，绘制出一张矩阵图（图9.1）。员工忙着解决的，很多都是紧急性高而重要性低的工作。

忽略事项的重要性，仅仅（偷懒地）完成那些易于完成的工作，这样做不仅无法从根本上解决问题，而且会令工作越积越多。打个比方，一个人染上结核病后不停地咳嗽，如果只服用止咳药，只会治标不治本，病情将继续恶化。讲到这里，我想起《伊索寓言》中"樵夫砍树"的故事：

  路人："您可真有干劲！"
  樵夫："还好，还好。"
  路人："您看起来已经筋疲力尽了。您干了多久了？"
  樵夫："大概五个小时了。这可是个重活。"
  路人："那您稍微休息一下，把锯子磨一下吧。那样您能锯得更快。"
  樵夫："我哪有闲工夫磨锯呢？我正忙着呢！"

还有一则相关的内容：第2章里，我们谈到一个问题，有些员工将问题防患于未然，却得不到信任。关键在于，在一个组织里，大家的注意力都集中在解决那些惹人注意的问题上，如果有人思考如何不让问题成为问题并采取了预防措施，往往很难被纳入评价体系。

结果，没有人着手从根本上提高组织的力量，大家都想着尽快解决眼前的问题，优先考虑如何"更加拼命、更加耗时"地解决（同一个问题）。以棒球为例，这就相当于运动员不去练习如何提高技术避免失误，而是练习失误后如何快速应对。

很显然，这会导致恶性循环。业务部门口中喊着"太忙了"，于是管理层自我安慰"确实也没有办法"；只要这样循环下去，员工就会越来越忙，没有人会尝试突破。

如此一来，公司里忙碌的"樵夫"只会越来越多，而那些原本准备好用于"磨锯子"的新提议，全部被弃之一旁——不久之后就会被大家忘得一干二净。

实践的三大要素

如果你读过任何一本题目包含"MBA"字样的书，就一定对 MECE 原则不陌生。所谓 MECE 原则，即不重不漏原则，是分析过程中最为基本的原则。

分析就如同解剖，按照不重不漏原则将一个庞大的课题拆分为易于入手的若干个子课题，这一点十分重要。如果有所遗漏，就会造成机会成本，跳过重大事项；如果有所重复，就会拉低工作效率。为了实现不重不漏，人们提出了各种方法，例如绘制金字塔图、鱼骨图等。

不重不漏原则固然重要，但我们也应时常驻足沉思：不重不漏的目的是什么？分析至多是解决问题的手段，而不是目的本身。

除此之外，还有一个重要问题：不能将不重不漏原则等同于排列优先级顺序。例如，在《工作的原理》一书中，作者斋藤嘉则就提出了这样一个问题：你是否经常被不重不漏困住手脚，直到最后才开始排列优先顺序？然而，仅仅口头提醒一句"不要忘记排序"是不起作用的，关键问题仍旧在于如何排序。

正如前文所述，优先顺序必须以目标为导向。想要解决业绩下滑、员工人心涣散等诸多问题，第一步是要遵循不重不漏原则，分解问题的影响因素。但是，这一步骤仅占 30 分，因为即使按照不重不漏原则剖开了组织存在的问题，分离开来的各个部分之间，也绝不是相互孤立的。

举个例子：理论上讲，利润等于营业额刨除成本之所得；但是，营业额与成本并不是天然相互独立的。如果没有厘清这一点，即使按照不重不漏原则将整体分解成了一个个子课题、子因素，也没有足够的资源可供我们逐一解决；更何况改善了一个小要素之后，又会对其他要素产生副作用。例如，成本缩减后，营业额也会随之下降。

因此，排列优先顺序时，必须厘清要素间的关系以至问题的整体结构。良性循环也好、恶性循环也罢，各种结构都必须纳入考虑范围。这种思维方式，在彼得·圣吉教授的著作中被称为"系统思维"。依照系统思维，我们找到最根本的问题，方能剥开问题表象、理解问题本质。

"原来如此。问题产生后，最关键的因素优先顺序排位也最高，因此只要将资源集中于此，便能万事大吉……"然而，实际情况却并非如此。的确，有些书中会这样总结，但即使完成了这一步,最多也只能得到 50 分,还达不到及格线。

原因在于,在实际情况下,组织中的重大问题大多根深蒂固而且十分棘手。以培育企业文化为例:的确,如果改变企业文化,许多问题都能一并得到解决;然而,历经几十年积淀的企业文化又岂是能够说变就变的?

许多企业都尝试着变革,希望能够正面解决这类重大问题,但大多一败涂地。

我们常能听到这样的名言:"心理决定行动,行动决定习惯,习惯决定性格,性格决定命运。"包括野村克也[1]在内的许多名人,都将这句话作为座右铭。仿照这句话,也有人这样说,"要想变革企业,首先要变革员工的思维方式"。

这句话从理论上无可辩驳,但在现实中却近乎废话。如果员工的思维方式能够变革成功,组织改革早就成功了。如何实现思维方式转变,才是组织改革的要义所在。这种"第一步先从思维方式入手"的说法,完全是一句空话。它丝毫没有意识到,扭转人心、调整思维方式有多么困难。

从实际角度出发,从改变行为模式入手,效果更佳、更为可行。著名心理学家利昂·费斯廷格提出的认知失调理论,也从学术角度证明了这一点。[2] 当一个人发现有两种认知彼此不能协调一致时,会试图从心理上消除这种冲突。此时,如果他说了违心的话、做了违心的事,就能够通过这种行动反过来扭转

---

1 野村克也,日本棒球教练。——译者注
2 Festinger(1957).

自己的心理状态或态度。

下面举一个具体案例。1957 年，费斯廷格等人进行了一场经典的实验：他们请来斯坦福大学的学生，要求他们完成一些极其无聊的工作。

一组被试者在工作结束后，收到了 1 美元的酬劳，而且要对后面排队的其他学生说，"这份工作很有趣"。另一组被试者在工作结束后，收到了 20 美元的酬劳，同样也要对后面排队的其他学生说，"这份工作很有趣"。

随后，调查人员发放问卷，询问两组被试者"您真心认为这份工作有趣吗？"结果，收到 1 美元的学生普遍比收到 20 美元的学生更觉得有趣。

也就是说，收到 1 美元的学生，在面对"工作真的无聊"和"收下这区区 1 美元就要撒谎说'工作有趣'"这两种心理之间的冲突时，调整了自己的心态，选择说服自己："不，这项工作其实还是很有趣的。"另一边，收到 20 美元的学生，心里想的则是："我收下了这 20 美元，说谎也是应当的。"

与其口中喊着"我有干劲！""我要行动起来！"不如真正行动起来（或者被迫真正行动起来）效果来得更快。在行动中，人们心中事先埋藏的执念会有所改变。心理学实验表明，一边口中衔筷、嘴角上扬、强行挤出笑容一边阅读漫画的人，会比直接阅读漫画的人更觉得漫画好笑。

人在陷入困境时，要先学会微笑，借此恢复镇定，方能突破被困已久的难关。动画《鬼平》的主角、担任"火付盗贼改方"[1]一职的长谷川平藏，恐怕也曾亲身验证过这条道理吧！

最好的方法，就是一边说着"首先从思维方式入手"，一边毫不犹豫地行动起来。由表及里、由浅入深，效果往往更好。尤其是开始行动之后，当事人就再也无法找借口了。娇联集团董事、副社长兼执行董事二神军平在他的书中，指出了行动管理而非数字管理的重要性[2]：

> 一名棒球打击手，如果打击率没能达到 0.300，他可以找到无数借口："投手水平太高""对方的团队防守很严密，能够高效接球"……但是，如果他连每天挥棒练习一百次都做不到，那就没有任何借口，只能怪自己太懒惰。

因此，如果想在这场"企业变革大考"中达到及格线，就必须确认以下三点：第一，不重不漏；第二，分解结构；第三，制订切实有效的计划，找到切入点。

当然，找到切入点，并不等同于只做轻巧活，而是要在排列优先顺序之后，运筹帷幄：首先完成此事，接下来完成此事……

无论是资源有限的中小型企业，还是面临强敌（如亚马逊）的大型企业，都必须做到上面这些要求。针对企业管理问题，来自马自达公司的人见光夫另辟蹊径，提出了下面这段想法，

---

[1] 火付盗贼改方，日本江户时代官职，负责抓捕纵火犯、强盗和赌徒。——译者注
[2] 二神（二〇〇九）五八页。

从中提炼出了"一号瓶"这一概念[1]：

> 我们只有30个人，面对管理危机，我们能做什么？——我们想到的是"广泛选择，集中投入"。尽管如此，我们所提倡的"广泛选择，集中投入"，与普通人所认为的并不相同：我们考虑的不是从诸多课题中舍弃什么、选择什么、集中投入什么，而是从诸多课题中挖掘出主要的共通性课题，并集中精力去处理。因为我们拥有的人力和财力，根本不足以支撑我们逐一解决每项课题。
>
> 在我们公司，我们所寻找的"主要课题"，是那种一旦该问题成功解决，其他课题便能迎刃而解的课题。如果将所有问题比作一组保龄球，我们要找到的，就是那个击中一个带倒一片的一号瓶。随后，我们就集中力量击中一号瓶。

实践的三大要素
- **不重不漏；**
- **分解结构；**
- **找到切入点。**

信号与机会成本

在衡量决策实施的机会成本时，有一个关键词——信号。

---

[1] 人见（二〇一五）一二页。

这些信号的目标，是包括客户、员工在内的全体利益相关者。我们这里讨论的信号效果和机会成本分为两个层次：直接信号，主要面向客户；间接信号，即在向特定对象发射一个信号后，其他利益相关者会如何解读这一信号。

1. 直接信号

　　直接信号存在的问题，通常是无法向客户展现自己的优势。例如，自己明明拥有优良技术，却无法转化成收入；自己明明开发出了好产品，却销售惨淡。

　　产品是一种可见可感的实体；许多公司善于做好实体，却极其不擅长通过产品向客户提供各种有形和无形的价值。他们既不了解如何发射信号，也不知道怎样发出的信号才能被客户成功接收。

　　这一问题常常会暴露在定价环节中。如果制造商不清楚自己的产品能为客户带来多大价值，定价时就会心虚。即使厂家鼓起勇气将价格定高，由于他并未采取相应的营销手段加深客户对产品价值的信赖，因此一旦有人抱怨价格太高，厂商便会立刻降价。

　　前不久，我针对日本汽车厂商的利润率差距展开调查。[1] 图12.1展示了1975—2005年，日美四大汽车制造商（通用、福特、丰田、本田）营业净利率随时间的变化情况。

---

[1] 清水（二〇〇七b）。

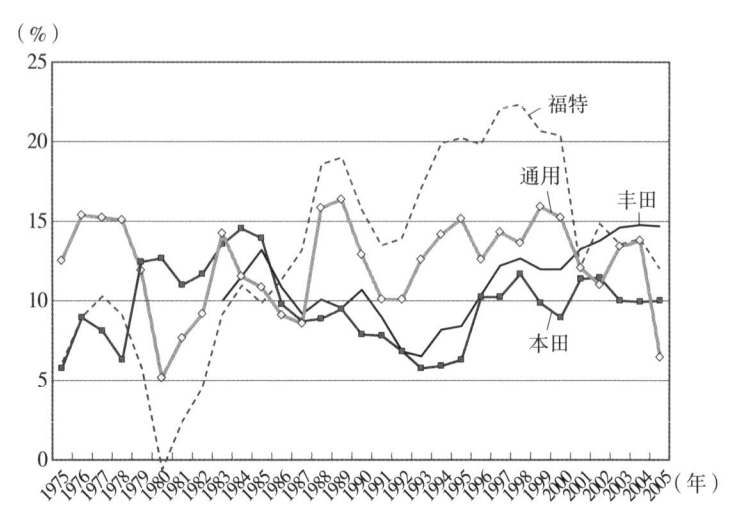

图 12.1　日美四大汽车制造商营业净利率随时间的变化

资料来源：清水（2007b）第 43 页。

众所周知，20 世纪 70 年代末，第二次石油危机爆发，通用和福特由于并未开发耗油量低的小型汽车，业绩迅速下滑。然而，仅仅过了不久，这两家公司便迅速恢复了元气。在 1985—2000 年大约 15 年的时间里，就在日本媒体宣扬本国汽车市场份额逐渐上升的同时，通用和福特两家公司的营业净利率持续对本田和丰田形成压倒性优势，令人相当震撼。（然而，2000 年以后两家美国公司的业绩又出现了下跌。）

在这段长达 15 年的时间里，两家美国汽车公司的营业净利率之所以领先日本，其中原因，并不能单纯地归为通用和福特为了追求短期利益，忽略了长远投资。如果说净利率拉开差距，根源可能在于研发经费投资不等，或者支付给员工和高管的工资不等，如此说来，反而是美国企业的工资报酬更高；而且在研发经费方面，本田规模较小，研发经费也只比其他公司略高一点，并未拉开太大差距。丰田的相关数据难以获取，但仅从收集到的数据来看（截至 2005 年），丰田的研发经费占营业收入比重，反而比福特的还要低（图 12.2）。

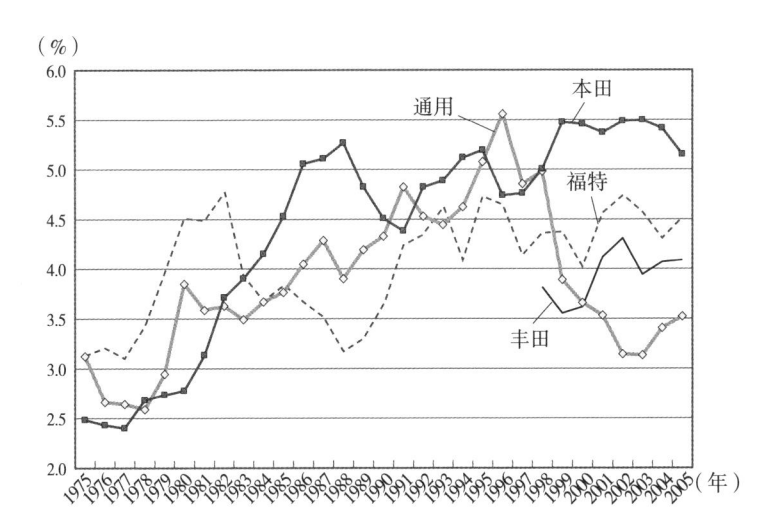

图12.2　日美四大汽车制造商研发经费占营业收入比重随时间的变化

资料来源：清水（2007b）第 46 页。

东京大学的藤本隆宏教授，对以汽车产业为核心的制造业颇有研究。根据他的判断，20 世纪 80 年代至 90 年代，日本汽车制造商虽然在制造成本和产品品质方面拥有强劲的深层次竞争力，但与海外制造商，尤其是欧洲制造商相比，品牌力更弱、销售效率也更低，因此收益率也更低。[1]

下面的归纳可能会引发误解，但简单来讲，问题的根源在于日本制造商与顾客之间更缺乏沟通，没能将产品宝贵的优点充分展现给顾客，结果导致公司没能收到相对应的回报。如果我们放眼全体日本企业，就会发现，这类问题并不仅仅出现在汽车行业：与欧美企业相比，日本企业确实缺乏所谓的"名牌产品"。

总而言之，发出明确的信号、执行准确的定价，是将机会成本降至最低的关键所在。在第1章我们曾经讨论过，为了使顾客青睐自己，打造企业特色十分重要，但是打造企业特色只是一个必要条件。为了吸引顾客最终选择自己，就必须令顾客体会到本公司的特色。正如第6章所讲，我们要做到的不是将信号"传递"出去，而是利用信号"感染"对方。

2. 间接信号

间接信号与直接信号同样重要，但由于间接信号不易被觉察，因此没能得到人们的充分重视。间接信号的问题在于，那些直接接收对象以外的利益相关者是如何看待、如何解读这一信号的。

如果信号发出者忽略了这一问题，即使做出良言善举，也会释放出错误的信号，良机也会随之溜走；而事后为了消除误解，还要浪费大量本不必消耗的资源，造成高昂的机会成本。

例如，我们经常会听到这样一句话："人非圣贤，孰能无过。"在考试中、工作中，甚至在车辆驾驶过程中，无论是多么

---

[1] 藤本（二〇〇三）。

谨慎的人，都会有犯错、失误的时候。面对这种情况，很多人都认为不应严罚，应该再给他们一次机会。

然而，身为管理者、身为上司，他们必须考虑这样一个问题：如果他们对属下的失误和违规睁一只眼、闭一只眼，这种宽宥之举不仅针对犯错者本人，更会向其他员工和客户发出怎样的信号？

举个例子：任何一家公司，都会出现没有时间观念的员工。如果上司要求所有员工准时，却偏偏因为某些员工业绩突出而给他们"开绿灯"，那就相当于在告诉大家："如果你的业绩足够好，那么不遵守时间也没关系。"接下来，员工就会将这则信号推而广之，进而理解成："如果我的业绩好，那我想做什么都可以。"这样一来，员工产生这种误解也就不足为奇了。

这种情况屡见不鲜：上司在了解过当事人的家庭情况后，出于体谅，决定对其宽大处理。但是这份体谅，只会被周围人简单理解成"上司偏爱他"。在这种情况下，管理者的好心，实际上就等同于做事不经思考。

此外，我们还会经常发现这样一种现象：社长一带而过说过的某些话，却会在公司里掀起巨大的波澜——这就是揣摩上级心思。

关于这一现象，我切实了解过一则实例。海氏系统法是一种著名的员工薪酬制定方法，有利于推行以成果为导向的制度。某次高管会议上，有人提出有关海氏系统法的提案，社长听后说了一句："哦，我听说过这个方法。"仅是这样一句话，就足以令下属深信社长希望引进海氏系统法。原本大家讨论的主题只是海氏系统法，现在却变成了如何引进海氏系统法。最终，虽然公司引进了这套制度，但管理层也好，人事部门也好，在内心深处并不是由衷希望这样做。因此，新制度的推行以失败告终，一切都回归原点。

更有趣的是，在这个过程中，管理人员只字不提"是社长要求引进的"。相反，他会导演一出假戏真做的闹剧：首先，高管口口相传海氏系统法好，公司也必须照搬。其次，社长听说后，虽然并不认为这套方法有多好，但既然下属如此强力推荐，那就姑且试试看。

在第4章，我们介绍过亚马逊的领导力准则。一位不甚关心自己被下属如何看待、自己的言行会激起周围人的何种反应的领导者，与一名醉心于揣摩上司心理的下属，两者的罪名同样严重。上述这类"揣度圣意"的案例和机会成本，通常不为人所知，但实际上绝不在少数。

一位领导者告诉下属："找我讨论，随时欢迎。"但如果真的有某位下属来找他，他又要训斥对方："我忙着呢！这点小事，你自己还处理不了吗？"久而久之，领导者却又要怪罪下属："现在这些年轻人都不愿意跟我说话，都是一群废物。当初就不应该招他们进公司！"领导者的这种做派，相当于是在向下属释放这样的信号：我说的话，就是这样前后矛盾。人类的本性，就是留意不到误区的存在。只要没有旁人坦诚地指出他的错误，他就会一直犯这个错误。而这种人一旦升任要职，后果简直不堪设想。

人们都说，上司了解下属要花三年时间，而下属看穿上司只要三天。上司之于下属，正如悍狼之于狡兔。弱势群体总会警惕周围、保护自己，无论身处哪一片世界，这个道理都行得通。

因此，管理者必须对"下属如何看待自己"保持高度敏感。身为上司，必须明确这样的目标、这样的公司价值标准、这样的自我价值准绳："在这一点上，我决不让步""对这个问题，我无论如何要守住底线"。一旦有人违反上述标准，无论是多么细小的错误或者过失，作为领导者，都绝不姑息。

在第9章，我们列举过泰诺和"小吃惊"的案例，告诉大家"细节决定成败"的道理。细节与我们之间的关系，不是"细节虽小，却倍感亲切"，而是"细节很小，因此倍感亲切"。

1982年，犯罪学家乔治·凯林和詹姆士·威尔逊共同发表了破窗理论[1]。破窗理论描述了这样一种现象：一栋空无一人的大楼，如果有一扇窗户被打碎却无人理睬，那么过不了多久，整栋大楼的所有窗户都会被打碎。这一理论意在说明，"有一扇窗户被打碎却无人理睬"这样的小事，反而会向附近的居民、行人乃至恶性团体释放出巨大信号。

也就是说，如果有一扇窗户被打碎却无人理睬，那就是在告诉所有人：这栋大楼的业主乃至周围的居民，都认为"窗户破了也没关系""别人的事情与我无关"。很多时候，这种放任不管的态度造成的后果，远不止窗户全部碎掉那么简单；这一地区的整体犯罪率会随之上升，居住环境也会加速恶化。

据此，破窗理论要求人们对再细小的罪行、再轻微的违规

---

[1] Kelling and Wilson（1982）.

行为都要严惩不贷，即所谓的"零容忍"。这种零容忍随处可见。例如，我在美国得克萨斯州居住了14年，这里的初中生、高中生发生斗殴事件，一旦被教师发现，即便是第一次也会被立即开除。美国的义务教育阶段一直持续到高中毕业，因此这些被开除的学生必须改去其他高中就读。当然，不仅得克萨斯州对学生斗殴零容忍，其他州可能也是一样严格。

尽管有人抱怨这样的规定过于严苛，但这种违反细小规则也要严惩不贷的制度，不仅能促使违规者本人深刻认识到规则的重要性，更能震慑到周围的所有人。惩戒制度一旦逾越了不可逾越的底线，造成的后果不言自明。

人无完人，孰能无过，正因如此，更不能放松警惕。组织成员如果不能牢牢约束自我，组织认同感就会被瞬间践踏。

也许有人会反驳："管理者可不是演员！"但是，身为领导者，表现给下属的一举一动都要经过深思熟虑，并且必须时刻保持这份意识、时刻维持这种紧张感。领导者要考虑的，不仅仅是如何处置涉事的下属，更要考虑其他员工和利益相关者如何看待这套处置方式。如果没有这种周密的考虑，就很可能会发出错误的间接信号。

公司发出的信号，能够令顾客感受到自己的产品特色吗？

管理者的一举一动乃至一句无意之词，在包括员工在内的所有利益相关者眼中，都是一种信号。

结　语

本书从机会成本的视角出发，力求汇总我30余年来的全部所思所学，集聚我苦心孤诣之精华。眼前的收入、成本、成败、兴衰，似乎早已司空见惯；但倘若驻足回首、远观凝思，往往会有崭新的发现。比起看得见的表象，看不见的真相往往更重要。

究其原因，其一，现象越短期、越浅显，就越易观察；而越长期、越根本，就越难观察。其二，那些显而易见的现象人人都能观察到，因此想要在可见范围内与他人拉开差距，着实不易。

我曾经出版过一本书《领导的准则》，副书名是"管理过程中被人忽略的'想当然'"。而这则副书名，恰恰反映了看不见的真相的重要性，具体可以参照下图。面对那些"看不见"的、被错过的机会，和那些不曾留意却十分关键的成本，"机会成本"这一概念，是一种不可或缺的分析视角。

在明确了确立目标、坦诚讨论和付诸行动的重要性后，我们便能保持更广阔的视野，依靠组合管理排列优先顺序，采取战略行动，最终将机会成本降至最低。为了实现这些目标，还有两点十分重要：对现实环境的敏感度，以及预测出自己做什么（或不做什么）将会具有怎样的内涵、发出怎样的信号所需的想象力。

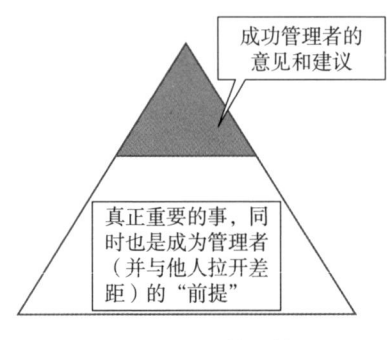

```
         成功管理者的
         意见和建议
      ╱▲╲
     ╱   ╲
    ╱     ╲
   ╱───────╲
  ╱  真正重要的事，同 ╲
 ╱   时也是成为管理者  ╲
╱   （并与他人拉开差    ╲
╲    距）的"前提"       ╱
 ───────────────────
```

在不可见之处拉开差距

资料来源：清水（2017）第30页，有改动。

我们在书中已经讨论过，敏感度是思维惯性的对立面，也是观察力的同义词。此外，想象力必须建立在充分了解自我、充分了解自家公司的基础上，否则只会是空想。

近年来，有关企业不法行为的报道持续增多，必须加强严格管理的呼声也越来越高；与之相伴的，还有公司治理的不断深化。但是，这样做真的有效吗？一则不法行为一旦被曝光，就对症下药、颁发新规；但即使这样做，也会有新的问题层出不穷——事实也的确如此。

打着严格管理的旗号增立新规，不仅会导致员工士气低迷，也会使他们的敏感度降低，组织惯性进一步加剧。在这种氛围下，领导者呼吁大家做事要动脑筋，指责员工没有独创性、缺乏主动性，也不会触动任何人。

反过来，从领导者个人的角度考虑，很多人都在抱怨："我明明是为了公司着想，然而惹出了祸端，却要我来背黑锅""我明明是为了下属着想，对他们的要求才倍加严格，然而却被指控是在压榨员工"。相信很多人都有过类似的经历：我明明一切都是为了孩子，到头来却要遭到孩子的反抗。

　　这样的人，丝毫不怀疑自己所做之事是否是正确的，直到结局出乎意料，才忽然回过神来，"这么重要的事情，为什么当时没有注意到？""当时自己为什么这么愚蠢？"但这也为时已晚了。打个比方：饮酒时，最可怕的不是酩酊大醉的那一刻，而是第二天早上醒来时，突然记不清楚前一天晚上究竟为何会痛饮到失态，并且暗下决心绝不再饮；更可怕的是一觉醒来，发现自己什么都记不得了。

　　那些帮助他人孩子办理走后门入学的政府官员也是一样，当初他们也可能以为自己是在"办好事"。本书反复使用"不易察觉"这个词，而这四个字恰恰反映了机会成本的本质：机会成本，就是在不为人知、出人意料的地方产生的。

　　以上这些思考，是 2018 年我在美国明尼阿波利斯参加国际商业学会时产生的。而我之所以注意到"回过神来"这套理论，则是缘于与海尔旗下的通用家电总裁兼 CEO 凯文·诺兰的交谈。2016 年，通用家电被海尔成功收购。

　　通用家电主营白色家电，而通用电气以非核心业务为由，舍弃了通用家电。自从归入海尔旗下后，通用家电每年营收连续实现两位数增长。听闻凯文·诺兰讲述这段故事，我强烈感受到以下三点。

- 企业并购,最关键的是看清彼此、理解彼此;
- 公司创业者和靠工资过活的社长,二者的眼光完全不同;
- 究竟什么才是所谓的"经验"?

第一点看似寻常,但凯文·诺兰在讲述通用家电是如何融入新东家时,着重强调了包括成长目标在内的共通点的重要意义,令我印象深刻。通用电气拥有超过 100 年的历史,是底蕴深厚的老牌美国企业;而海尔成立于 1984 年,是中国的一家新兴企业。这样的两家公司组合在一起,大家都热衷于讨论两者的差异。不必多说,差异一定很大。

然而,如果先入为主、强调差异,我们就既无法看到机会,也无法看清成本。更重要的是用一颗不被蒙蔽的心、一双不被蒙蔽的眼睛,集中注意力去观察、厘清两者有何相同、有何不同,如有不同根源在哪里。企业并购如欲成功,关键是并购双方须以共通点为基本,了解彼此的差异所在,随后充分发挥各自的优势。

索尼公司的盛田昭夫过去曾倡导"学历无用论",结果虽然做到了从更本质的层面评价人才,但工作反而变得更加混乱了。这段故事充分体现了人类组织的一大特征:在不知不觉间,人们就会偷懒,转去依赖陈规,最终造成机会成本。

第二点,在美国有亚马逊、脸书,在日本有日本电产、软银、优衣库,这些企业的创业社长的强项和领导力,比起东芝、夏普这些大企业的领导者更加引人注目。

谈及这些创业社长的强项,大家通常都会用"决断力""胆识"这些让人似懂非懂的词语来概括。但是，在听过凯文·诺兰的讲述后，我产生了独到的认识。

不仅是通用家电，日本的夏普公司在被鸿海精密工业收购后，同样在转瞬之间实现了盈利。诚然，产业重组在其中起到了重要作用，但我一直有个疑问：同样的产业重组，为什么之前的管理层却一直无法实现？

这一问题不仅针对被收购企业，家族企业也有几点相通之处。第一，创业者本人自不必说，创业者的下一代、下两代，基本上都不存在上司管辖。第二，这种上司真空的状态，使得创业者或其后代本人也是责任承担者。实际上，如果我们观察那些第二代、第三代领导者，就会发现他们当中的很多人并不理解什么叫作"看着上司的脸色行事"；即使能够理解，也根本无法产生共鸣。因此，他们敢于说出真话——公司最重要的就是为顾客创造价值，为什么要浪费时间在公司内部钩心斗角？

通用家电的 CEO 凯文·诺兰说，公司被海尔收购后，业务内容基本上并未发生改变；但是，公司付出了巨大努力，将业务划分为小单位、实现可视化（即单细胞化），以利于大家做自己想做的事并观察行动效果。一直以来，公司都在讨论这种业务调整的重要意义，但是通用电气却始终不肯给予认可；创新计划也是一样，始终无法被接纳，但海尔的 CEO 张瑞敏只用了 30 分钟就完全理解了。归根结底，被收购企业之所以恢复生机，并不是因为做了什么了不起的事，而仅仅是依靠真理、放开手去做应做之事。

八木洋介，过去曾担任通用电气日本分公司的人力资源主管。他在一本书中披露,"通用电气是一家不允许说真心话的公司"。就连通用电气这样的公司,也在不知不觉间无法坚持真理,偏离了原本的轨道。

2018年6月26日,创立于1896年的道琼斯工业平均指数,正式将通用电气从道指成分股中剔除。每当我们翻开近来有关通用电气的新闻,都会更加深刻地认识到,无论曾经多么辉煌的企业,都有"喝醉酒"的风险,而且一旦真的"喝醉"了,就非常难以自省修复了。

我并不是想说,身在组织中,绝不可以揣度他人想法。相反,在组织里就要为员工鼓劲儿,在家庭之中,夫妇之间就要互相体谅,这样的心思必不可少。但是,在组织中,这份揣摩、体谅原本是为了充分调动员工积极性,最终走向成功,却在不知不觉间变成了行事的目标,甚至大家都认为事情本就应当如此。很多公司将目光紧紧盯在调动积极性(如何)上,一点一点地将目标调整得更加现实,渐渐忘记了自己究竟想要前往何处、遗失了初衷(何事)。

如此说来,外部势力介入、重振一家走向衰败的公司,就相当于给一群醉汉醒酒。很多人都说"改变公司的有三种人:年轻人、蠢人和外来的人",很多人也都对此深信不疑,但很少有人敢于想象,自己就是那个挑战一群醉汉的人。

实际上,日本交通的第三任社长(现任会长)川锅一郎被人戏称为"狂爱美国的经济学家",星野集团的社长星野佳路也因推进改革被人调侃是"富三代的癫狂",据说公司1/3的员工都辞职了。这些事例再次证明,创业者一旦喝到"酩酊大醉",

就有无可救药的风险。

那么，下面就涉及第三点问题：对于一名年轻有为的创业者，或者是他的第二代、第三代而言，经验究竟是什么？"经验丰富"通常是褒义词，然而这个词一方面说明一个人善于套用过去的成功模式；另一方面却也在暗示，他缺乏敏感度和想象力。

相反，如果一个人没有相关经验，那么他便只能依据原则行事。虽然他对组织的玄妙之处缺乏理解，但他也因此拥有巨大可能去接近一个更加准确的答案。如果仅仅因自己"经验不足"就唯经验丰富者马首是瞻，那就相当于故意钝化自己的敏感度。

在欧美企业中，不仅仅是初创企业，即便是所谓的大企业，出现年仅四十几岁有时甚至仅有三十几岁的 CEO 也绝非罕见。对此，我过去常常感到十分不可思议。我当年从事咨询行业时，也曾与一些年仅三十几岁的日本市场负责人共事，现在还记得他们颇有才干。但在日本企业中，毫无例外，员工不到 50 岁，绝不可能被分配到这类负责人的岗位。而这当中的疑问，似乎也已经通过上述讨论得到了解答。

每周二，《日本经济新闻》晨刊会刊登连载栏目《我的科长时代》。在该栏目中，著名企业管理者回首自己担任科长的时光，讲述自己蜕变的历程。但那些没有经历过《我的科长时代》的人的经历往往更能给人以启发。

一万小时法则指出，无论是艺术家还是运动员，想要获得巨大成就，关键不在于才能高低，而在于是否花费了一万个小时用于训练。为了符合这一要求,如果一周工作 40 个小时,一年就能工作大约 2 000 个小时,五年下来,便能积累一万小时。

最严重的机会成本,就是借用"经验不足"这种似是而非的理由,作为组织,却不充分利用人才;作为个人,却不愿挑战自我;作为家长,却不允许孩子放手一搏,也不允许他们失败。能立事者,即使成事,也无法获得成长和感动。我们必须提高对相信原则、相信自己、挑战未知的壮举的重视。面对难得的优秀人才,不去充分发挥他们的能力,而让其浪费时间和精力在揣摩他人心意之中,这样的企业绝不可能在全球性竞争中胜出。

明确自己由衷想做之事,明确自己的目标,不拘泥于经验和常识,而是加以灵活运用。即便结果失败,也能迅速恢复斗志,开始下一步行动。此外,也不要忘记时时观察、时时想象。以上均为我对自己的劝诫,倘若读者读过此书,也能深受感染,那么我将感到无上荣幸!

清水胜彦

参考文献

[1] アイエンガー,シーナ(2010)『選択の科学──コロンビア大学ビジネススクール特別講義』櫻井祐子訳,文藝春秋.

[2] 阿川佐和子(2012)『聞く力──心をひらく35のヒント』文春新書.

[3] 伊賀泰代(2016)『生産性──マッキンゼーが組織と人材に求め続けるもの』ダイヤモンド社.

[4] イーダスハイム,エリザベス・ハース(2007)『マッキンゼーをつくった男 マービン・バウワー』村井章子訳,ダイヤモンド社.

[5] ウェルチ,ジャック/スージー・ウェルチ(2005)『ウィニング 勝利の経営』斎藤聖美訳,日本経済新聞出版社.

[6] NHKスペシャル『メルトダウン』取材班(2017)『福島第一原発1号機冷却「失敗の本質」』講談社現代新書.

[7] カーネマン,ダニエル(2014)『ファスト&スロー──あなたの意思はどのように決まるか? 上・下』村井章子訳,早川文庫.

[8] くらたまなぶ(2006)『リクルート「創刊男」の大ヒット発想術』日経ビジネス人文庫.

[9] コリンズ,ジム(2001)『ビジョナリーカンパニー 2──飛躍の法則』山岡洋一訳,日経BP社.

[10] ─────／ジェリー・I・ポラス（1995）『ビジョナリーカンパニー──時代を超える生存の原則』山岡洋一訳，日経 BP 社．

[11] ─────／モートン・ハンセン（2012）『ビジョナリーカンパニー 4──自分の意志で偉大になる』牧野洋訳，日経 BP 社．

[12] 三枝匡（2002）『戦略プロフェッショナル──シェア逆転の企業変革ドラマ』日経ビジネス人文庫．

[13] ─────（2006）『V 字回復の経営──2 年で会社を変えられますか』日経ビジネス人文庫．

[14] 佐藤オオキ（2016）『佐藤オオキのスピード仕事術──400 のプロジェクトを同時に進める』幻冬舎．

[15] 柴田昌治（2009）『考え抜く社員を増やせ！──変化に追われるリーダーのための本』日本経済新聞出版社．

[16] 清水勝彦（2007a）『戦略の原点』日経 BP 社．

[17] ─────（2007b）『なぜ新しい戦略はいつも行き詰まるのか？』東洋経済新報社．

[18] ─────（2008）『経営意思決定の原点』日経 BP 社．

[19] ─────（2009）「戦略転換の壁とジレンマ──意思決定の視点からの考察」『研究 技術 計画』24（1）：71-83．

[20] ─────（2011a）『組織を脅かすあやしい「常識」』講談社＋α新書．

[21] ─────（2011b）『戦略と実行──組織的コミュニケーションとは何か』日経 BP 社．

[22] ─────（2012）『実行と責任──日本と日本企業が立ち直るために』日経 BP 社．

[23] ─────（2016）『経営学者の読み方──あなたの会社が理不尽な理由』日経 BP 社．

［24］―――（2017）『リーダーの基準――見えない経営の「あたりまえ」』日経BP社．

［25］―――（2018）「戦略転換の壁を越える法」『DIAMONDハーバード・ビジネス・レビュー』4月号：52-67．

［26］デカルト（1997）『方法序説』谷川多佳子訳，岩波文庫．

［27］中沢康彦（2010）『星野リゾートの教科書――サービスと利益 両立の法則』日経BP社．

［28］中西輝政（2011）『本質を見抜く「考え方」』サンマーク文庫．

［29］南場智子（2013）『不格好経営――チームDeNAの挑戦』日本経済新聞出版社．

［30］パーキンソン，C・N（1996）『パーキンソンの法則』森永晴彦訳，至誠堂選書．

［31］畑村洋太郎（2005）『失敗学のすすめ』講談社文庫．

［32］―――（2011）『未曾有と想定外――東日本大震災に学ぶ』講談社現代新書．

［33］ハーツ，ノリーナ（2014）『情報を捨てるセンス 選ぶ技術』中西真雄美訳，講談社．

［34］羽生善治（2013）『捨てる力』PHP文庫．

［35］人見光夫（2015）『答えは必ずある――逆境をはね返したマツダの発想力』ダイヤモンド社．

［36］平田オリザ（2012）『わかりあえないことから――コミュニケーション能力とは何か』講談社現代新書．

［37］藤本隆宏（2003）『能力構築競争――日本の自動車産業はなぜ強いのか』中公新書．

［38］二神軍平（2009）『ユニ・チャームSAPS経営の原点――創業者高原慶一朗の経営哲学』ダイヤモンド社．

[39] プラネット・リンク編（2016）『もったいない 新装版』マガジンハウス．

[40] 本間浩輔（2017）『ヤフーの 1 on 1——部下を成長させるコミュニケーションの技法』ダイヤモンド社．

[41] 松井優征・佐藤オオキ（2016）『ひらめき教室——「弱者」のための仕事論』集英社新書．

[42] Adner, Ron (2012) *Wide Lens: A New Strategy for Innovation*. Portfolio（清水勝彦監訳『ワイドレンズ——イノベーションを成功に導くエコシステム戦略』東洋経済新報社，2013 年）．

[43] ———, and Daniel A. Levinthal (2004) "What is not a real option:Considering boundaries for the application of real options to businessstrategy." *Academy of Management Review* 29(1): 74-85.

[44] Barnard, Chester I. (1971) *The Functions of the Executive*. Harvard University Press.

[45] Beard, Alison (2016) "Defend your research: Making a backup plan undermines performance." *Harvard Business Review* 94(9): 26-27.

[46] The Boston Consulting Group (2013) "Globalization Readiness Survey".

[47] Christensen, Clayton M. (1997) *The Innovator's Dilemma: When New Technologies Cause Great Firms to Fail*. Harvard Business School Press（伊豆原弓訳『イノベーションのジレンマ——技術革新が巨大企業を滅ぼすとき（増補改訂版）』翔泳社，2001 年）．

[48] ———, and Michael E. Raynor (2003) "Why hard-nosed executives should care about management theory." *Harvard Business Review* 81(9): 66-74（野口みどり訳「よい経営理論，悪い経営理論」『DIAMOND ハーバード・ビジネス・レビュー』2004 年 5 月号：20-33）．

[49] Devillard, Sandrine, Vivian Hunt, and Lareina Yee (2018) "Still looking for room at the top: Ten years of research on women in the workplace." *McKinsey Quarterly* Mar.

[50] Drummond, Helga (2014) "Escalation of commitment: When to stay the course?" *Academy of Management Perspectives* 28(4): 430-446.

[51] Edmondson, Amy (1999) "Psychological safety and learning behavior in work teams." *Administrative Science Quarterly* 44(2): 350-383.

[52] Festinger, Leon (1957) *A Theory of Cognitive Dissonance*. Stanford University Press.

[53] Gerstner, Louis V., Jr. (1973) "Can strategic planning pay off?" *McKinsey Quarterly* Dec.

[54] Gibson, Cristina B., and Julian Birkinshaw (2004) "The antecedents, consequences, and mediating role of organizational ambidexterity." *Academy of Management Journal* 47(2): 209-226.

[55] Hamel, Gary and C. K. Prahalad (1989) "Strategic intent." *Harvard Business Review* 67(3): 63-76（有賀裕子訳「ストラテジック・インテント」『DIAMONDハーバード・ビジネス・レビュー』2008年4月号：96-116）.

[56] Herbert, Wray (2010) *On Second Thought: Outsmarting Your Mind's Hard-Wired Habits*. Crown Publishers（渡会圭子訳『思い違いの法則——じぶんの脳にだまされない20の法則』インターシフト，2012年）.

[57] Iwatani, Naoyuki, Gordon Orr, and Brian Salsberg (2011) "Japan's globalization imperative." *McKinsey Quarterly* June: 1-11.

[58] Janis, Irving Lester (1972) *Victims of Groupthink: A Psychological Study of Foreign-Policy Decisions and Fiascoes*. Houghton Mifflin（首藤信彦

訳『リーダーが決断する時——危機管理と意思決定について』日本実業出版社，1991 年).

[59] Johansson, Jonny K., and Ikujiro Nonaka (1987) "Market research the Japanese way." *Harvard Business Review* 65(3): 26-19.

[60] Kelling, George L., and James Q. Wilson (1982) "Broken windows: The police and neighborhood safety." *The Atlantic* 249(3): 29-38.

[61] Kogut, Bruce (1991) "Joint ventures and the option to expand and acquire." *Management Science* 37(1): 19-32.

[62] Lencioni, Patrick M. (2002) *The Five Dysfunctions of a Team*. Jossey-Bass.

[63] Lorenzo, Rocío, Nicole Voigt, Miki Tsusaka, Matt Krentz, and Katie Abouzahr (2018) "How diverse leadership teams boost innovation." The Boston Consulting Group, Jan. 23.

[64] Mankins, Mchael C., and Richard Steele (2006) "Stop making plans: Start making decisions." *Harvard Business Review* 84(1): 76-84（マクドナルド京子訳「戦略立案と意思決定の断絶」『DIAMOND ハーバード・ビジネス・レビュー』2006 年 4 月号：128-139).

[65] Markides, Constantinos C. (1997) "To diversify or not diversify." *Harvard Business Review* 75(6): 93-99.

[66] McGrath, Rita Gunther (2011) "Failing by design." *Harvard Business Review* 89(4):76-83（スコフィールド素子訳「『知的失敗』の戦略」『DIAMOND ハーバード・ビジネス・レビュー』2011 年 7 月号：24-36).

[67] Mintzberg, Henry (1994) "The fall and rise of strategic planning." *Harvard Business Review* 72(1): 107-114（編集部訳「戦略プランニングと戦略思考は異なる」『DIAMOND ハーバード・ビジネス・レ

ビュー』2003 年 1 月号：86-97).

[68] Montgomery, Cynthia A. (2008) "Putting leadership back into strategy." *Harvard Business Review* 86(1): 54-60（松本直子訳「戦略の核心——戦略は問題解決の道具ではない」『DIAMOND ハーバード・ビジネス・レビュー』2008 年 4 月号：54-64).

[69] Pfeffer, Jeffrey, and Robert I. Sutton (2006) *Hard Facts, Dangerous Half-Truths, and Total Nonsense*. Harvard Business School Publishing（清水勝彦訳『事実に基づいた経営——なぜ「当たり前」ができないのか？』東洋経済新報社，2009 年).

[70] Porter, Michael E. (1996) "What is strategy?" *Harvard Business Review* 74(6):61-78（編集部訳「[新訳] 戦略の本質」『DIAMOND ハーバード・ビジネス・レビュー』2011 年 6 月号：60-89).

[71] Repenning, Nelson P., and John D. Sterman (2001) "Nobody ever gets credit for fixing problems that never happened." *California Management Review* 43(4):62-88.

[72] Shimizu, Katsuhiko (2000) "Strategic decision change: Process and timing." Unpublished doctoral dissertation, Texas A&M University.

[73] ——— (2007) "Prospect theory, behavioral theory, and the threat-rigidity thesis: Combinative effects on organizational decisions to divest formerly acquired units." *The Academy of Management Journal* 50(6): 1495-1514.

[74] ——— (2014) "Perils of quasi global mindset: Why Japanese MNEs struggle in emerging economies?" Academy of International Business Annual Meeting. Vancouver, Canada.

[75] ——— (2018) "In search of a last straw: An exploratory study of decision change triggers." in T. K. Das (eds.), *Behavioral Strategy for*

Competitive Advantage, IAP.

[76] ———, and Michael A. Hitt (2004) "Strategic flexibility: Organizational preparedness to reverse ineffective strategic decisions." *Academy of Management Executive* 18(4): 44-59.

[77] Smith, Douglas K., and Robert C. Alexander (1988) *Fumbling the Future: How Xerox Invented, Then Ignored, the First Personal Computer*. William Morrow &Co.（山寄賢治訳『取り逃がした未来——世界初のパソコン発明をふいにしたゼロックスの物語』日本評論社，2005年）.

[78] Staw, Barry M., and Ha Hoang (1995) "Sunk costs in the NBA: Why draft order affects playing time and survival in professional basketball." *Administrative Science Quarterly* 40(3): 474-494.

[79] Stross, Randall (2012) *The Launch Pad: Inside Y Combinator, Silicon Valley's Most Exclusive School for Startups*. Portfolio（滑川海彦訳『Yコンビネーター——シリコンバレー最強のスタートアップ養成スクール』日経BP社，2013年）.

[80] Tetlock, Philip E. (2006) *Expert Political Judgment: How Good Is It? How Can We Know?* Princeton University Press.

[81] Tushman, Michael L., and Charles A. O'Reilly III (1996) "Ambidextrous organizations: Managing evolutionary and revolutionary change." *California Management Review* 38(4): 8-30.

[82] Weick, Karl W., and Diane L. Coutu (2003) "Sense and reliability." *Harvard Business Review* 81(4): 84-90（飯岡美紀訳「『不測の事態』の心理学」『DIAMONDハーバード・ビジネス・レビュー』2003年10月号: 86-95）.